✚ 位於古都府城的成功大學醫學院。

✚ 成功大學醫學院創院院長
黃崑巖教授。

✚ 林口長庚醫院總醫師時期，同儕們與內科部程文俊部長（前排左三）、林仁德
副部長（前排右三）合影。（第二排右一為作者）。

➕ 公費生服務期間，緣於「法醫師法」施行，參加法醫師公會成立大會。（左一是作者）

➕ 公費生服務結束之際，接受基隆地檢署涂檢察長達人（左）授獎。

實驗室成員合影

➕ 前排右起： 葉國明醫師、國衛院蕭樑基研究員、榮總馮長風教授、前 CDC 署長張峰義教授、林永崇醫師、陳德禮醫師。（後排左一為作者）

➕ 2011 年博士班正冠典禮上與陳金瑞所長合影。

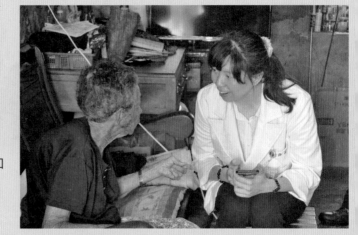

➕ 實習醫師黃舒驛隨團隊參加馬崗村的義診工作。

✚ 地處臺灣的東北角，往診的日子經常遇到下雨天。

✚ 馬崗義診路線中，部分的村落很靠近宜蘭縣，龜山島已經在望！

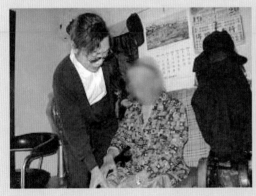

✚ 戴素蘭師姐是馬崗義診路線的靈魂人物，她的愛心不凡。

✚ 澳底的魏建清師兄長年贊助慈濟義診活動不遺餘力，十幾年來都是他帶我們到往診的老人家裡。

✚ 作者在慈濟人醫會貢寮鄉馬崗村義診剪影。

✚ 老人的鄰居看到義診團隊的到來，也跑來詢問他們自己擔心的健康問題。

➕ 林啓嵐醫師為長者江爺爺檢查口腔，並詢問身體近況。（攝影者：劉振江）

➕ 長者吳阿嬤（中）聽到林啓嵐醫師（左）要她和志工去醫院就診時，擔心地問林醫師看完診後會不會送她回來，當她知道志工會載她回家後，便放心地笑了起來。（攝影者：劉振江）

➕ 護理師戴素蘭（右）向長者林阿公（左二）示範抬腳翹指的動作，可以增進腿部的血液循環。（攝影者：劉振江）

➕ 帶北醫大醫學系實習醫學生臨床實習課程。（左一為作者）

➕ 2013 年索馬利蘭醫師在雙和醫院訓練完成，結訓典禮上。（坐排左一為作者）

✛ 台北醫學大學高齡者身體健康評估的 GOSCE 課程授課。

✛ 楊崇聖醫師正在帶 ICU 跨領域多團隊查房。

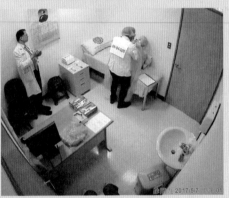

✛ OSCE 模擬考擔任考官。

✛ 2013 年浙江省湖州醫院醫師訪問學習。（右一）我
　的夥伴楊崇聖醫師，（右三）作者。

劇本導引共同創新與實境模擬 / Scenario-Oriented Co-Innovation for Medical Space from 2D, 3D to 4D

2D模型溝通 / 2D Mockup Communication

3D實境模擬 / 3D Full-size Mockup Simulation

4D情境演練 / 4D Scenario Walkthrough

➕ 部立雙和醫院加護病房,引用 Mockup「使用者經驗需求」及「參與式設計」的建築概念,建置最好的環境給重症病人及醫護從業團隊。

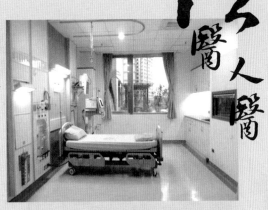

✛ 2011 年 2 月內科加護病房二區建置落成。

✛ 我們的加護病房一半以上的床位具有窗景，採光佳。這種氣息與氛圍能刺激病人及早下床與復健，並重拾信心與生活鬥志。

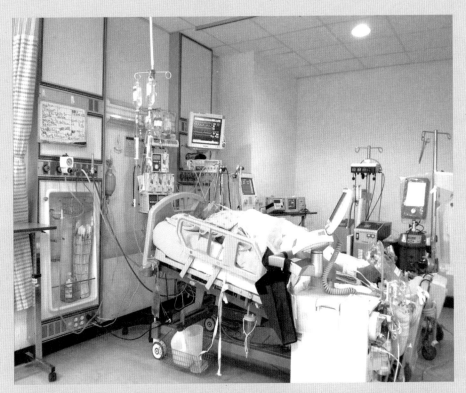

✛ 寬敞的床位空間，可同時容納呼吸器、洗腎機、葉克膜、主動脈內氣球幫浦、生理監視器等設備擺設無障礙，並可確認其安全性及方便性。

✚ 守護蘭陽平原偏鄉超過一甲子的羅東
聖母醫院。

✚ 羅東聖母醫院馬仁光修士（前排左二），永遠
笑容燦爛與愛心的蔡桂連護士（前排右二）。
相片為 1980 年代的羅東聖母醫院醫療團隊與
靈醫會成員。

✚ 故鄉宜蘭有蜿蜒秀麗的冬山河與白雲龜嶼。（盈盈設計影像公司陳良道先生提供）

從法醫
到人醫

貫穿七個醫界現場
的白袍啟示

林啓嵐——著

從法醫到人醫——一生懸命的醫學之旅

前成功大學醫學院院長／林其和（教授）

每一位醫師從起心動念學醫到踏上醫學之途，都有一段可以述說的故事。大多數的醫師醫學院畢業後，會先經過一段嚴格的專業醫師訓練，而後選擇留在醫院服務或者到社區擔任基層醫師，但是林啓嵐醫師選擇的倒是一條非常特別的路。

林醫師自高醫藥學系畢業後，先在藥廠工作了兩年後考上成大後醫學系公費生，畢業後在林口長庚醫院胸腔內科完成訓練，然後被分發到監獄擔任監所醫師，接著又志願承接檢察署法醫師一職。

基於對研究的熱愛和服務病患的初衷，擔任公職期間他同時修習醫學博士，並擔任慈濟人醫會志工，將工作之餘的時間全都奉獻給實驗室和偏鄉的病患。

公職期滿他轉任雙和醫院胸腔內科醫師，重新展開一般病患的服務工作；後又由吳院長指派擔任加護病房主任，於任內成功的塑造「人性化」的加護病房；2020 年 3 月他回到故鄉羅東鎮，在聖母醫院擔任起守護當地民眾的健康之責。

這樣曲折又精彩的行醫歷程很讓我讚嘆，甚至羨慕！醫學生涯的選擇很多元，但絕大多數的醫師基於求安穩的心態，侷限了自己的選擇，林醫師因為必須履行公職服務，不得不選擇一條「較少人

踏上」的道路，雖然辛苦，卻意外的體驗到更多社會現實面，成為行醫歷程中的亮點。

這提醒了我們，應跳脫「錢多事少離家近」的思維，擴大和延伸自己的視野，勇敢的踏出舒適圈，有付出終會有所收穫的。

林醫師在本書中分享了他 26 年醫學生涯中七段主要的學思歷程，令人佩服的是他在每個轉捩點都是以「熱誠」來迎接磨練，用「醫治家人」的心投入醫療工作，他提供的每一則故事都相當生動、感人並發人省思。這本書不僅可以讓醫學生和醫療人員體會行醫的各種不同角度和層面，也提供了一般民眾欣賞一位非傳統醫師行醫生涯的機會，從而瞭解一位「良醫」的養成不易，或許可因此提高對醫師的尊重和信賴。

成大醫學院自創院以來一直以培育具人文社會關懷的醫療人員為使命，林醫師於求學期間受到創院黃崑巖院長的啟發，畢業後能不畏挑戰的在每一個工作上實踐所學，實是成大人的榜樣！期許林醫師在新的航程中還會不斷地寫出淬鍊自己及同行的好文章。

平凡的書目，很不平凡的內容

前法務部法醫研究所所長／涂達人 (檢察長)

　　這是一本值得一看再看的書，初看會覺得就是很平凡的醫生自述，但從修習醫學到實習醫師的過程，那種對品格的淬鍊、對專業的堅持，都值得現在及未來的醫師去玩味。

　　林啓嵐醫師的經歷有別於大多數的醫師，監所醫師、地檢相驗法醫師都不是一般醫師願意屈就的工作，在這冷門的領域中，我們也看到了林醫師的堅毅與堅守崗位，那是多麼的不容易；不管環境多麼惡劣，林醫師仍然堅持視病如親的原則，即使已經擔任監所醫師、地檢相驗法醫師及內科專科醫師有 26 年，仍然可以自豪的說無愧於心。

　　我跟林醫師結識在我擔任基隆地檢署檢察長期間，接觸的時間不長，本來沒有什麼印象，那一年林醫師公費服務期滿，即將回歸其醫師本業，前往雙和醫院任職，恰巧基隆地檢署的另一位檢驗員也另有生涯規劃離職，一時之間，基隆地檢署的相驗業務即將開天窗，林醫師目睹這種狀況，自願協助，即使路途遙遠，仍然竭力支援，一直到補充到法醫人力以後才結束。我在林醫師支援結束以後，特別致贈感謝狀，感謝他的義不容辭，也開啟了與他的朋友之情。

林醫師外表文質彬彬，內心充滿對病人的關懷，我離開基隆地檢署以後，奉派擔任法務部法醫研究所所長，那是一個跟檢察業務有關，但屬完全不同領域的工作，在法醫研究所看到了醫療糾紛與醫病關係的關聯性。法醫研究所也在中和，離雙和醫院不遠，林啓嵐醫師來所裡看我，聊到了他處理醫病關係的態度，讓我心中不由得升起一股敬意。如果醫師都像他的處理態度，相信醫療糾紛會大大減少；另外也談到醫院的經營管理，人性的刻劃在這裡一覽無遺。在這本著作中，林啓嵐醫師仍然心存厚道，未曾多做著墨。

　　林啓嵐醫師已經在 2019 年 3 月自雙和醫院離職，改到羅東聖母醫院任職，本著他的執著與善良，覺得有必要將他特殊的經歷寫下來，以供後進得以有所體會。

　　很平凡的書目，很不平凡的內容，值得向大家推薦。

能穿白袍幫人看病就是恩典

前疾病管制署署長／**張峰義** (教授)

　　啓嵐當年（2004 年）係以自費生第一名考進國防醫科所博士班，爾後我有幸成為他的指導教授，對他的印象就是古意、謙虛、認真，不是能言善道，也不曾看到他和人爭辯，做研究常利用晚上、假日到實驗室工作。記得他為了博士研究論文的發表，很多次專程跑到疾病管制署當面和我討論修改。

　　前不久，啓嵐邀我為他的新書《從法醫到人醫》寫序，看完整本書稿後，我感到與有榮焉並樂為之。

　　這是一本「很好看」的書，不論是有醫學背景或一般民眾均可對作者長達二十幾年，迥異於一般醫師的職業生涯（胸腔專科醫師→監獄醫師→法醫→重返臨床）產生好奇心，並在作者以平易近人、溫柔誠懇的娓娓道來中，不知不覺地進入每個有趣的生命故事裡，和作者並肩悠遊了一趟曲折而獨特的醫涯旅程。

　　啓嵐曾表示這本書係台灣進階版的《白袍》（*White Coat*, 2004 年天下文化出版，Ellen Lerner Rothman 原著）。我還特地從書櫃找出這本書閱讀比較了一番。在「內舉不避親」的私心下，我還是覺得啓嵐的《從法醫到人醫》視野更廣，省思也更深層，因為他以感恩知足的心，用專業、智慧和勇氣來寫這本書。

因為公費生的身分，使啓嵐坦然地接受每次角色的轉變。這也讓他有機會去看到一般醫生不容易去面對面診療的收容所煙毒、藥癮HIV、靜脈藥癮等患者，或令人瞠目結舌的詐病技巧以爭取保外就醫機會的收容人；而法醫生涯中，常需面對一具具含怨帶冤的屍體甚或只剩一堆白骨時，如何以自己精巧的法醫學專業技能，配合刑警尖端鑑識科技，冷靜、理性地為死者發聲，無非是盡一己之所學使逝者安息、生者安心。這些故事都會讓讀者如偵探柯南般一路尾隨，屏息閱讀，久久無法放下書本。

　　我常常覺得，從醫學史的發展來看，醫學這件彩衣，是多麼絢麗繽紛，吸引多少先進先賢，聰明絕頂的精英義無反顧、夙夜不懈地投入醫界各個領域。無非是想要一窺生命的奧祕，能讓世人更健康的生活，希望為這美麗的彩衣再綴添亮麗錦繡裝飾。在這樣的思維下，不可能大家都朝著高薪、風險低、又容易得到好聲譽的科別走去，總有些困難、冷門、待遇又低的領域科別可以吸引住一些醫者視「能穿白袍幫人看病就是恩典」（啓嵐書中語），照顧重症病患時，「……有著一種莫名的勇敢，即使面對茫然不知且眾人畏懼的病情，也要銜命以赴並且埋頭往前衝。」（啓嵐書中語），照顧有醫療糾紛的病人時「……加上病人的問題需要跨科的整合性醫療，急診張醫師希望由我接手來照顧，聞訊的剎那之間，我腎上腺素也衝了上來……」（啓嵐書中語）

　　這樣的思維，這樣的行醫，不啻是「醫者父母心」的最優註解吧！

　　看者啓嵐一步一腳印的走來，我很高興他完成了人生的第二本博士論文。

默默耕耘的醫界唐吉訶德

醫策會董事長／**林啟禎** (教授)

在一個風和日麗、秋高氣爽的清晨，林啓嵐醫師比約定的時間早了 15 分鐘出現在辦公室門口。我想，這就是他的人生態度。

啓嵐是成大醫學院學士後醫學系的晚期學生，他提到在學時曾經修過我所開的一堂選修課，勾起我遙遠卻美好的回憶。當年我是名不見經傳的新進教師，想開的這堂選修課曾經被課程委員會擋下過很多次，理由是醫學系的課程已經太重，學生要修的學分太多，因此無須增加沒意義的新課程。然而，這堂後來改名為「醫學人生理則與策略」的課，是我醫學生涯中最精華的分享，後來經過我親自向黃崑巖院長陳情，報告授課內容（涵蓋實證、邏輯與人生策略）並試教後，終於才開得成的一堂課，也是我開啟於醫學教育中貢獻在專業中兼顧「哲理、智慧、策略、反思」的濫觴，甚至是後來從 1998 年起承諾黃院長的心願而寫了 20 年「醫學與人生的對話」報紙專欄的基礎，因此感觸特別地深。

啓嵐在成大醫學院畢業後展開不能稱為一帆風順卻精彩萬分的醫學人生，讓三十年如一日都待在校園的我大開眼界。原來啓嵐來訪的目的是邀請我為他奇特的《從法醫到人醫》作序，心生感動之餘，當然欣然同意。

從啓嵐書上所述的經歷來看，他絕非天生就有醫師天分的人生勝利組（not a born doctor），但卻絕對有保證成功的優良習慣與勇於接受挑戰的潛質與決心。當年他從高醫藥學系畢業，考取成大後醫的「法醫公費生」名額，坦言公費生是想當醫師強烈動機下卻成績不夠理想，因此達不到自費生名額的不得不選擇。成大後醫畢業後在申請住院醫師時也因當年法醫公費生配套制度不明確而受到不少挫折，但卻仍一一克服，並因而遇到許多貴人。他在擔任法醫師的過程見證過許多社會的現實，而在內科、胸腔內科、重症加護專科的成長過程，只要細讀每個章節，都可以看見他在人生每個起伏的努力與用心。

啓嵐在法醫界努力過一段時間，如今決心回歸醫學界。從過去曾待過醫學中心的主任角色，如今決心當回歸鄉里服務的區域醫院醫師。對過程中每一個決定的心路歷程，當我以質疑的角度並從他坦承的回答來瞭解後，也被其決策的邏輯與用心所感動。

我覺得醫界同仁與社會大眾如果有興趣來認識啓嵐醫師並看這本《從法醫到人醫》的話，不必用事業成敗的務實眼光，而應該是用價值反思的人生視角。啓嵐醫師其人其事其遭遇，算是醫界唐吉訶德族又一人的奇幻漂流。這些波浪起伏的醫學人生經歷卻也證明一件事，就是每一位選擇醫學生涯的醫師都必須本諸奉獻的初心，則不論遇到任何困境都可以透過努力來克服。醫學人生其過程的每一位良師益友都會是成長的助力，而若把「良知、尊嚴、榮譽、責任、專業」當作是絕不輕易動搖的核心價值，則醫學生涯就都會成為是值得後輩學習的自我實現。

為醫界補足一塊拼圖

臺北醫學大學副校長／李飛鵬 (教授)

　　我認識林啓嵐醫師是我在 2015 年及 2016 年擔任雙和醫院院長時，這段時間，他在雙和醫院擔任加護病房的主任及專責醫師。

　　擔任院長，必須常常要去加護病房巡視病人，每次我去加護病房，或臨時有事交辦林醫師，他總是和顏悅色，任勞任怨的配合。更有醫護人員告訴我，林醫師有時在假日都特別再來醫院巡護病人，有時一待待很久，他的小孩及家人都帶到醫院來陪他工作。由於專業能力強，個性認真溫和，視病猶親，加上對自己工作執著，許多重症病人因而病情逆轉康復出院，所以他很受病人的好評，他可說是雙和醫院急重症照護的支柱及主力。

　　林醫師後來因故離開雙和醫院，回到他的故鄉宜蘭，在羅東聖母醫院擔任胸腔科主治醫師。前日突然約訪，說他寫了一本行醫生涯回顧的書，名為《從法醫到人醫》，希望我為其寫序，這當然是我的榮幸。林醫師仍不改其仔細、精密的個性，親自到台北醫學大學向我說明本書的緣起及內容。

　　拜讀其內容，才了解了林醫師這麼多元的過去，及其行醫的理念與堅持。林醫師是成大醫學院培養的公費醫師，在學期間深受黃崑巖院長薰陶，畢業後在長庚醫院完成胸腔專科訓練，接著他忠實

履行公費生的合約，接受分派，到監獄去當監獄醫師，並接著當法醫，再進修國防醫學院醫學科學研究所博士學位，然後回雙和醫院及羅東聖母醫院擔任胸腔科相關的臨床主治醫師；其間他也長期在貢寮偏鄉做義診服務。

　　本書最特別的是林醫師記錄了 2006 年「法醫師法」實施前的法醫風雲，以及監獄收容人在 2003 年納入「全民健康保險」之前，他以一位監獄醫生的角度描述的那些艱辛而有趣的事物與歷程。這兩項紀錄，個人認為是非常獨特，又難能可貴的經驗分享。

　　林醫師在本書中詳實記錄了一個臨床醫師在醫學上的行醫之道，並描述其生動活潑的心靈歷程；就本書出版的意義而言，個人認為可以為醫界補足一塊拼圖，再次闡明一位仁醫「原始為醫」的理念。林醫師個人曲折、有趣的職業生涯與旅程，不只適合社會上非醫學領域相關的人士閱讀，也適合醫學生及醫學專業人士參酌。

千夫諾諾不如一士諤諤——儒醫俠醫林啓嵐

輔仁大學副校長／陳榮隆 (教授)

　　一次診，一生情；一程療，一世恩。我有一摯友，數年前在國內某頗負盛名的醫院健檢，群醫均未發現他有應立即處理的疾症，卻在林醫師細心研析及追蹤檢查下驚心發現病情。其後，醫療群建議將該器官全部切除，惟在臨刀之際，林醫師認為茲事體大，該器官若全部切除，病患術後的生活品質必然大受影響，不怕觸犯眾怒，建議摯友尋求醫界第二意見（second opinion），也因此留住部分器官。摯友目前生活品質甚佳，一如往常，至今仍十分感念林醫師診療的恩情，我也因此進一步認識了這位「橫眉冷對千夫指，俯首寧為病患牛」的俠義良醫——林啓嵐醫師。

　　吾人都是天涯過客，人生就似夢幻旅程，有許多驚喜、驚奇，也有許多驚嚇；有諸多甜美、麻辣，也有諸多苦澀；有很多在計畫之下、預料之中，也有很多在意想之外。這些生活點滴，有人被寫成傳記、載入史冊，有人自己寫成自傳、回憶錄或遊記，林醫師選擇後者寫成這本《從法醫到人醫》。

　　物有成住壞空，人有生老病死，此乃亙古不變的自然律，而生老病死悉與醫師有關，自然有諸多賺人熱淚、引人深思、足堪表率

之處，可供立論成章、編撰成冊，尤其台灣的醫療保健舉世稱羨，更不待言。

但時代在變、世態在變，人情在變、人心在變，醫病關係也隨之在變。往昔，病患視醫者為恩人，縱使醫療結果不如預期，也常自認「先生緣，主人福」（台語）、「生死有命，富貴在天」，坦然以對。如今，醫病之間形成契約關係，一方提供醫療服務，他方提供金錢給付，醫病之間成了「拿人錢財，為人消災」的對價關係。彼此只論權利義務，關係變得十分冰冷無情與緊張對立，如此脆弱的信任關係若不慎或不料破裂時，即淪為相互指責攻訐甚至對簿公堂。在這丕變的時代，林醫師的醫學旅程，其書、其人、其事，個人認為有下列特點足供我們精讀、細品與省思。

人渡與渡人

迷時師渡，悟時自渡《六祖壇經》，大悟時渡人。迷時，需要見山是山、見水是水，直指人心的明師渡化──傳道、授業、解惑，所以「我師故我在」，需要師渡；悟時，明心見性，得魚忘筌、得月忘指，見山不是山、見水不是水，所以「我思故我在」，足以自渡；及其大澈大悟乾坤大朗，六經皆我註腳，我見青山多嫵媚，青山見我亦如是，所以「我施故我在」，足以渡人。林醫師習醫、行醫、教醫這段師渡、自渡、渡人的歷程，諸多值得吾人參悟與玩味。

藥師與醫師

中醫界醫藥分業由來已久，中醫師開藥方，患者持藥方至藥鋪買藥服用；西醫界自民國 86 年起也在台灣推行醫藥分業，但迄今是否已全面落實，醫界與藥界仍有歧見。診依病理、療依藥理，雙理均能並蓄嫻熟、融會貫通，對於診療必大有助益。林醫師是國內少數修習過藥學再攻醫學的醫師，其學涯及職涯值得注目。

法醫與獄醫

訴訟制度曾被認為世上最荒誕不經的制度，因為兩造當事人都知道案件事實，但兩造出庭時，一造可能扭曲事實，他造可能避重就輕，卻要讓一個全然不知道事實真相的法官來判決哪一造有道理。所以法官斷案時有賴證據，我們常聽到法官說「證據會說話」、「證據到哪裡就辦到哪裡」。但證據假如是人體時，不論是活人的身體或往生者的大體，常需要法醫協助為相驗、解剖鑑定、驗傷等，讓證據說話，俾使「替死者伸冤，為活者護衛」。

深陷囹圄的受刑人、收容人是社會的邊緣人，鮮為人注意，其醫療人權直至近年方受到有關單位及社會大眾的重視，其中監所的獄醫扮演非常重要且吃重的角色——幫助他們度過人生的惡水期，來日有迎向更新生命的一天。

法醫與獄醫對醫界而言，是鮮有的經歷，對外界來講，是難窺的「祕境」，林醫師以莊嚴神聖的精神揭開它神祕的面紗，並以積

極正面的態度投注生命力量，為這塊荒漠引入甘泉。

儒醫與俠醫

科技始終來自人性，科學畢竟難脫人文，當科技符合人性與人文，會帶給人類社會便捷與幸福，反之，會帶來禍患甚至毀滅，所以自然科學之人必須具有相當的人文底蘊、人本思想及人性關懷。林醫師除具有豐沛精湛的醫學專業及仁心仁術的醫德，也喜歡涉獵歷史典籍和名人傳記，從歷史人物或典故中淬鍊自己的人生觀、價值觀，並昇華為追求精神上的崇高理念，一心致力於推廣人性化的加護病房及樹立溫馨的醫療人文，堪稱仁術兼備、溫文儒雅的「儒醫」。

君子不平則鳴，不樂聞弱者悲鳴，俠客路見不平拔刀相助，不樂見弱者落難；君子言義不言利，俠客思義不思利；君子常自期與人為善，俠客常自省與惡距離；君子合流而不同污，俠客去污而不納垢；君子主隱惡揚善，期風行草偃；俠客事了拂衣去，深藏身與名（李白・俠客行）。林醫師懸壺濟世一路走來，隱時則見謙謙君子之風，顯時則現俐落俠客之姿，堪稱醫界之君子，白袍之俠醫。

值此新冠肺炎病毒（COVID-19）在世界蔓延之際，兀自躲在書房開軒展卷研讀《從法醫到人醫》，細看林醫師描述白色巨塔中諸多白袍典範，頗有「哲人日已遠，典型在夙昔，風簷展書讀，古道照顏色」之感，特此為序誌之。

自序

　　《從法醫到人醫》出書的目的是在為台灣醫界補上一塊拼圖。因為，國內迄今仍無人從「監獄醫師」，經歷「CSI 法醫」，再做到加護病房「重症醫師」的紀錄。將它發表並出版獻給社會大眾，期盼為這塊土地上醫療人的全紀錄裡，再添一筆。並且，野人獻曝地把這個經歷過程報告出來，回饋給提供我醫學院獎學金的台灣社會。希望藉由本書與大家分享，一同來品味如此另類醫學的旅程。

　　啓嵐的醫學旅程迥異於大多數醫師之處，那就是我的醫學院公費生身分。我係少數的法務部「羅致法醫師及監所醫師實施要點」培養的公費生。早年，在我胸腔內科專科醫師訓練完畢後不久，隨即展開我的公費服務旅程，起先擔任「監獄醫師」及之後轉任為地檢署的「法醫師」，進行特殊的醫療服務。服務於醫界大家所冷漠及罕至的區塊——幫收容人看病的監獄醫師及為死者做死因鑑定的「司法醫師」工作，讓原本單純的醫師職業生涯足足多出兩條跑道。

　　這個 26 年習醫的過程中，我通過及貫穿 7 個醫界的區間，始於不一樣的際遇。成大醫學院及黃崑巖院長豐富的醫學人文教育啟發；繼之以，進入以經營之神著稱的長庚醫院，厚實的住院醫師訓練加上勤勞僕實的企業文化，拓展了我的臨床視野與服務態度；在

公費服務旅程裡，擔任監獄醫師及法醫師，也是我醫學旅程中及醫療生涯裡最重要的部分，它是整本書的精華之處。

公費生醫療服務伊始，同時也展開了我在慈濟人醫會的貢寮義診服務及國防醫學院的博士學程的進修。兩者一樣地在考驗著我對醫學的志趣與耐力。

由於法醫師法施行的成效，全國各檢察署法醫室人力，在短短的幾年之間很快地被台灣大學法醫研究所的畢業生補足了，也解決法務部長期以來法醫荒的窘境。公費服務期滿後的半年，我則是重拾白袍回到醫院，繼續從事臨床工作。

原本的構想本書只寫完到公費服務結束，一切會回復到醫療工作者平淡無奇的道路。但是，故事總是有後續曲折與產生美麗浪花之處，也因著爾後的臨床工作際遇，接著要去介紹我公費服務完畢後，這 9 年半在醫院的臨床服務，為本書增添了「重拾白袍返回臨床」的環節。我延續公費生的服務態度，在臨床醫療上努力衝刺——推行人性化的醫療及建立人性化的加護病房。即以醫治自家人的態度來行醫，用簡單樸實的醫療原則來服務病人及社會的個人心路歷程。

以上是寫這一本書的動機與緣由，希望對非醫學背景的讀者及準備學醫的年輕學子會產生興趣。期盼對社會能提供一個正面經驗以及教育的角度，這也許是政府培養醫學公費生的另外一個目的！

說明：

1　書中所有病患姓名均為化名，所有臨床案例均已經過某種程度的改編。

2　在司法案例的描述，基於司法保密性及個人隱私，更是全部大幅度的修改案情，目的是在陳述事理與解說法醫學上的精巧有趣之處。

3　為增加文章的可讀性，臨床及法醫案例的驗血或生化報告均附上正常值，括號（　　）內為正常值。例如：驗出血糖值 863 mg/dL（正常飯後兩小時 <140 mg/dL）；血液滲透壓（Osmo）是 354 mOsm/L（正常值 275-295 mOsm/L）；肌酸酐（Crea）2.7 mg/dL（正常值 0.7-1.5 mg/dL）。並且「正常值」三個字在全書中省略。

〔目錄〕

CHAPTER 01 ───────

醫學院養成教育　*31*

CHAPTER 02 ───────

住院醫師訓練　*57*

CHAPTER 03 ―――

公費服務擔任監獄醫師　*87*

CHAPTER 04 ―――

轉任法醫師　*141*

國防醫科所的博士學程　*201*

貢寮偏鄉的義診服務　*217*

醫學院養成教育

年少之時立志讀書以糊口謀生、晉升位階為目的：

及至完成教育與長成，

方知淑世濟民才是人生的目標。

/ 我的學醫動機 /

我的父親從日據時代的宜蘭農校畢業以後,到當時的電信局當公務員直到退休。他雖然做的是業務行政的工作,但是私下的他仍然長期維持著對農業與園藝的興趣。家裡的庭院或是陽台從來都不曾閒置過,蒔花養卉進行園藝種植,而且頗有心得與技巧,因為這是他下班回家後的樂趣所在。

我從小看爸爸蒔花弄草,也耳濡目染這樣的嗜好,學得園藝種植的技巧,自己也會種起一些植物。曾經有母親的友人,知道我有花卉種植的本領,讓我去她家協助其進行庭院花木的種植與養護。小時候的我熱衷於種植花木和養小動物,書本離我頗為遙遠,學校的課業令父母親非常擔心。

父親的舅舅是傳統醫學的中醫師,長期在宜蘭市聖後街執業,開立「張儉塘診所」,專精於中醫傷科並以此服務鄉親,但那已經是半個多世紀前的事情。

祖母[1]和舅公感情很好,終生比鄰而居。我們家堂兄弟很多,

小時候我的頑皮也不落人後，經常在祖母和舅公家串門子。記憶裡，經常目睹舅公在家診療病人、煉丹製藥。

從小就從鄉里耆老的口中經常聽到，羅東鎮上的陳五福醫師[2]不僅幫人診治眼科疾病聞名，更為照顧盲人生活，創立「慕光盲人習藝所」[3]來訓練盲胞職能的事蹟，覺得既仁慈又偉大，令我悠然神往。

上一個世代的宜蘭縣仍是窮鄉僻壤，城鄉差距頗大。醫學院少且醫學系的難考程度是眾所周知。我們林家之上三代，完全無人從事醫生的工作，直到我們這一代，我和堂弟林郁甯（中國醫大中醫學系）才開始從事醫業。

話說回來，在耳濡目染之下，中學時代的我對生物和化學最感興趣；青年時代，我喜歡涉獵歷史典籍，喜歡從歷史人物或典故中去淬鍊人生觀及體驗。大學念藥學系時正是追求「智識」的狂狷年代，讀過的一些書本或文章的內容至今仍深植心中。

我嚮往蔣經國先生在留學俄國期間，把自己下放到烏拉重機械廠做苦工，在冰天雪地裡當一名熱血的工人；也欽佩100多年前（20世紀初期）中國知識青年，那群「勤工儉學運動」放洋出國學習的年輕人的勇氣與革新，期望國家得到更好的變革與改造。佩服毛澤東先生在學生時代，與他的同學蕭子升先生利用暑假的《行乞記》[4]，身上不帶分文，步行遊歷了湖南省的5個縣份，行程不下幾百里，去學習、去體驗；神往於人稱「台灣孫中山」的民主運動先驅蔣渭水先生，滿懷醫人醫國理念，以「提倡民權、爭平等」，無私的奉獻從事台灣政治運動。更景仰「台灣第一位醫學博士」杜

聰明醫師，從求學、行醫、嗎啡研究、蛇毒研究到創立高雄醫學院的不凡事蹟；描述杜聰明博士傳記的《南天的十字星》[5] 這本書，我大學時代就讀它很多遍，愛不釋手。

因為親友都是勤勉的農家及從事義務兵役的基層服務，養成我喜歡勞動、喜歡工作、追求精神上崇高的理念。不喜歡靠關係或關說，不喜歡在利益的邊緣跳躍，著重於基層歷練與自我磨練的庄稼漢性格。

我相信即便空乏其身，只剩下雙手，仍能執行自己的自由意志，實現自己並服務人們，熱情又勇敢地面對生命中的每一個機緣，即使歷盡千山萬水也永不後悔，向目標理想邁進。

當年以些許的差距跟預備軍官擦身而過，下部隊到湖口陸軍裝甲部隊去當普通兵。雖然沒有考上預備軍官，但在今天看來倒是塞翁失馬。下部隊讓我的體格訓練，以及與部隊基層同袍弟兄間的相處與人際關係的磨練著實增長很多。

第二年，我和部隊同袍弟兄劉德賢被選去當「醫務士」，其中一半的時間當士官帶部隊，另一半時間是負責醫務室的醫務值星，協助部隊醫務室掛號、協助醫官醫務、辦理藥品補充、病人換藥、病人打針、備衛材、消毒等等。因為很親近於醫官們（醫學院醫學系畢業的預備軍官[6]）的工作，我對醫官們的醫療奉獻工作，為軍中弟兄解決病痛，心中感到佩服與嚮往。

在 1990 年夏天退伍，因相信「行百里路，勝讀萬卷書」，我下放自己到日資的塩野義（Shionogi）藥廠[7]，從事基層的駐廠品管藥師工作，藉以充實自己在基層社會的歷練，同時在經濟上能夠

獨立。除了自我挑戰之外，也想藉此來檢驗自己，是否真的喜歡繼續讀書？是否真的仍想讀醫科？

讀醫科當醫生，讀書時間很久且訓練期間又長，若不是真正有興趣想去服務病人，那倒不如轉做其他行業，既可發揮自己的興趣和專長，而且比較自由。況且醫界人才濟濟，泛泛之輩少來為妙。另外一層的考量，是基於從小就耳濡目染，母親描述曾祖父曾經教育外公說：「不喜歡他去當醫生或法官。」因為老人家認為，需要背負診斷或判斷失誤的風險與功過，如果只是為了糊口，大可不必如此。今天我成熟度高了，再仔細去思考曾祖父的心態，了解到這是祖先們的善良與固執。

1980 年以後，台灣教育當局引入美國醫學系的教育制度，需大學畢業才能報考的「學士後醫學系」[8]，已經在台灣幾個醫學院試辦。退伍以後，我在塩野義藥廠當品管藥師期間，對於習醫、從醫仍是興致勃勃的。於是，下班後把當時的學士後醫學系應試的科目拿出來溫習，躍躍欲試亟欲試圖報考。幸運地，我在 1992 年考進了成大醫學院，且是占上公費生的名額。由於畢業後要公費服務 5 年的時間，公費服務的不自由，以致大家不喜歡公費生的身分，但是我卻興高采烈地前往台南成大醫學院報到學醫去了。

記得臨行出門前，母親懇切地交待我，畢業以後成為一名醫師，對於即使身無分文的病患，也要幫他們看病及提供服務（當時 1992 年全民健保尚未施行）。我帶著母親的期盼與叮囑，就此踏上我的醫學之路。

/ 成大醫學院與黃崑巖院長 /

說起台南的成大醫學院，就必須提到成大醫學院創院院長黃崑巖教授。即使時至今日，所有的成大醫學院畢業生、成大醫院醫師的行醫理念及風格，無一不受到黃院長薰陶和影響。

　　成功大學成立於 1931 年，素以工學院起家而聞名。1980 年以前成大只有文、理、工、商四個學院，14 項國家建設的南部醫學中心，經過當時成大夏漢民校長爭取，設立在台南。1982 年夏校長延攬當時在美國喬治華盛頓大學醫學院任教、聲譽卓著的黃崑巖教授回到台灣，主持開創成功大學醫學院所有事宜。

　　黃崑巖教授，1959 年畢業於台灣大學醫學系，1967 年榮獲美國喬治華盛頓大學醫學院微生物學博士，是一位教育家、醫學家、文學家也是一位藝術家。他在成大醫學院，奉獻了他人生最精華、最顛峰的 17 年歲月。成大退休之後，仍致力於台灣的醫學教育改革長達 11 年之久：例如在 2000 年促成教育部設立醫學教育評鑑委員會（TMAC），為台灣醫學教育奠定重要的里程碑。直到 2009

年返回美國跟家人團聚，2012 年 2 月 20 日病逝於美國馬里蘭州。

　　成大醫學院（以下簡稱為成醫）位在成功大學的成杏校區內。它雖隸屬公立的醫學院，但是沒有太多官方色彩或公部門的氣氛。成大醫學院學風自由，著重在學生品德、人格與對人文藝術的薰陶。由台南市小東路進到醫學院門口，可以感受到富有人文氣息的建築物與景觀：從門口的吹笛者、沉思者、習醫之樹（Learning tree）到醫學院圖書館內的武田書坊[9]，再到石泉廣場[10]的陶版牆，是每一個成醫人進醫院當醫師時立下 Hippocrates 誓詞[11]的地方，也是成醫人的靈魂象徵之地。

　　黃崑巖院長是一位極重視醫學人文素養、醫德、對病患責任、深具社會服務理念的院長。成大醫學院內的建築物與景觀、陳列、擺設及裝潢等，都是黃院長與成醫創院的一群醫學界前輩們所籌劃建設出來的。一切都是想藉此薰陶出良好的人文素養與淑世濟民的理念。那裡的主流想法與思維，都基於增進社會大眾的幸福與利益，不注重醫生自己本身的利益。同此精神，成大醫學院畢業生珍惜的是來自醫學院的特殊教育機緣，而不單單只是畢業成績或名次排比，因為他不強調金錢或利益的原則。

　　院長對醫學生總是拋磚引玉並循循善誘，說醫業是 Profession（專業）而不是 Occupation（職業），又說大學教育裡醫學系、法律系、師範系是三個影響國家社會最多的高等教育。因為這三種學系的畢業生，在他們一生執業的過程中會影響無數人，其素質的精良對社會的影響甚為巨大。

　　尤其一個醫生在執業時，經手診治的病人不計其數。而病人的

健康又事關家庭、工作與社會甚鉅，治療過程與治療後的情況將會牽動他們往後的人生走向，甚至會牽動著社會政經。又如師範教育學系，一位老師教育出來的學生之良莠，將攸關這個國家社會未來發展的命脈。來自於法律系的律師和司法官，負責整個國家社會制度與律法的制定和執行，可說是國家與社會的管理者，其文化內涵與遠見攸關著國家的健全與未來的發展，其重要性同樣不言可喻。

就是因為因此，黃院長主持成大醫學院首重「教育」的重要性，他期盼成大醫學院學生除了醫學的專業教育之外，還要有更多更豐富的醫學人文內涵與社會關懷。醫師執行醫療業務必須非常謹慎，一個優質的醫師除需富有人文素養的底蘊，還要有藝術家的感性知性，更要有著革命家的熱情。畢竟醫師日常的醫療業務正是掌控或是影響這位病人往後的命運及人生走向，這一點近似於「神格」的角度。相較於工程或是機械做了不滿意可以拆掉再做，直到滿意為止，但是醫學對於人的生命卻是不可逆的，生命無法重來。

院長不論在做學問或辦教育都有很好的成就，一直以教育的重要性來揭示，深信唯有教育才能提升社會整體的素質。他在演講中，經常將過去他在新竹中學、台大醫學院及美國華盛頓大學求學和辦教育的經驗與心得，分享給醫學生或年輕醫師。他總是企圖讓成大醫學院或國內的教育能更上一層樓，讓醫療文化更升級、人民的健康更有保障，讓台灣人的社會文化能平齊於英、美、日等文化大國。

他更要求說：「一個好醫師，也要能扮演一個好的老師。」也就是說，醫師要立志用教育來改變人做為職志！又說，語文與表達

並非天生俱來，因此必須抓住機會，用正確的方法來訓練自己的表達能力，如此有朝一日，才能用來改變他人既有的思考或陳舊的觀念。

他最反對的是，當醫生卻失去了醫業的核心價值，比如醫生對病人做出有損其利益的事，說出傷害病人的自尊心或造成其負面的人生觀與絕望的話語，用不負責任的態度告知或解釋病情。黃院長不欣賞以利益掛帥的醫師，相反的，他非常尊重學問、愛惜知識及喜歡追求崇高理想的人。

記得有一次，黃院長說出一個他內心的「guilty feeling」（罪惡感）。當年他自美返國開創成大醫學院，全心投入改革國內醫學教育。當時院長的三個孩子因在美國求學，無法隨行，有天他的女兒因為生病被送到急診，人在台灣的他得到這樣的訊息，即便內心深感焦慮，然做為父親的他，卻因忙碌於教育工作無法返回美國照顧孩子，內心有著嚴重的罪惡感。

黃院長也是一位天才者，有著流利的口才與說服力。他曾經說：「Before you can become a doctor, you must become an enlightened person.」。亦即在學做醫師之前，必須先要學會做人，也就是說，醫學生要做一個有文化、有教養的人，且做事的態度比做事的成功還重要。

因此他要學生們在不同學習階段，立下自己標竿學習的「典範」。鼓勵學子利用暑假做 Lab（即實驗室做轉譯醫學實驗）或出國做短期進修。他也廣泛爭取醫界或國內外相關的資源或獎學金申請給學生，讓學生得以開闊眼界。

黃院長非常注重醫學生的理念與理想的層面。他在每一個學期都會與醫學系的各年級學生，以班級的方式進行談話，並傳達他在醫學教育的理念。平常課程我偶爾蹺課也不以為意，但奇怪的是，每逢黃院長的談話，即使院長從來不點名，我也一定必到，而且儘量往前坐。就是因為黃院長的個人風采與談吐，以及其談話內容是書本上學不到，自己也揣摩不出來的學問，讓我無限嚮往每次的談話。

時至今日，我擔任專科醫師多年，對學生時代課堂上還有記憶的，只剩下求知識的方法與態度而已。而黃院長在每一個場合的講題及內容，至今仍深深的烙印在我執業的生涯裡或醫業的核心價值中。

所有成醫人都知道，黃崑巖院長的貢獻不僅是開創了成大醫學院，同時也是每一個成醫人不朽的典範，並且為國內醫學教育樹立了崇高的理念與卓凡的醫學人文文化。

▶ 請參閱附錄「杏林典範——記我所熟知的黃崑巖院長」、「成大醫學院的醫學人文意境」。

╱ 醫學生最驚奇的一堂課 ╱

我的妻子是礦工的女兒，從 26 歲那年開始，發生夜間睡覺平躺會喘，需要坐起來才能呼吸的症狀（即端坐呼吸；orthopnea）[12]。經台大醫院的連文彬[13]教授診斷是風濕性心臟病[14]，合併嚴重的二尖瓣閉鎖不全，以致產生端坐呼吸、運動會喘、心悸等心衰竭的症狀。

在後續的追蹤治療中，連教授評估妻子的二尖瓣閉鎖不全已經嚴重到影響日常生活，甚至出現左心室擴大、衍生心律不整的危機，建議在生完小孩後，就要接受「開心手術」做二尖瓣的置換或修補，以改善逆流的情況。因此在 1993 年夏天，轉給心臟外科的林芳郁醫師執刀手術。

就算以目前的醫療水平，即使是在台灣最大的醫院、有最強大的醫療陣容，家人們每每一想到要做「開心手術」，真的是「載不動許多愁」，更遑論是 26 年前！

我個人不喜歡靠關係、不喜歡關說。所以，妻子到台大醫院就

醫，林芳郁醫師全然不曉得我是醫界的晚輩（事實上，即使是 2019 的今天，林院長仍不知道我是同業的內科醫師）。而且當時我的醫學教育，只進行到基礎醫學念完，臨床醫學上的決策仍是非常的遙遠與抽象；加上對象是自己的妻子，情感與理智更難以平衡。在我根本幫不上忙的情形下，一切只能遵照醫師的指示和建議，進行手術與治療。

1993 年 7 月中，我一如一個打工的年輕人，帶著滿肚子的憂愁與關心，偕同妻子默默的走進台大醫院準備接受手術。只是心中深深的祈禱著，希望手術順利，能趕快帶著 5 個月大的寶寶回台南去。入院前，林芳郁醫師在門診告訴我們，開刀可以改善目前妻子的心臟功能。當時林醫師鼓勵我們：「手術後妳的心臟可以發揮功能，生活及家庭都會更幸福的，不用太憂慮。」

我心想，這麼大的一個手術，如果運氣不好，妻子術後倘若產生併發症或恢復不理想，我們這個小家庭就要破碎了。當時真的好憂愁、好煩惱，心亂如麻，不知道該怎麼辦才好，只能默禱手術順利，把一切希望託付給林醫師。入院後，林醫師前來查房，令我驚訝的第一句話竟是：「嗨，你們也是羅東人啊！我爸爸是羅東鎮上的老醫生喔，大家叫他『洪仔燦』！」他看著我說：「你要多多協助妻子做好心理建設。」也輕拍妻子的肩膀說：「手術沒啥問題的，擔心是多餘的。」他的溫言軟語頓時讓我們的憂愁與煩惱減低了許多，只覺得林芳郁醫師像是我們的一座靠山，更增添了無數信心。

人稱「洪仔燦」的林洪燦醫師，早年行醫於羅東鎮上，我母親、外公、哥哥和我小時候都曾經被他看過病。他的「中陽醫院」[15]

就在外公家中山西街的隔壁街，也就是帝爺廟的另一邊。母親說林洪燦醫師是一位極仁慈的醫師，早年在醫療貧乏的羅東，無論是鎮民內、外科疾病，還是颱風後原住民受傷或生病，中陽醫院滿滿的都是病人。他是上一代宜蘭縣境內出了名的仁醫，是鎮民生命與健康的守護神。

隔天妻子要接受這麼大的開心手術，當時台灣社會普遍存在送禮或送紅包的文化，因為事關自己妻子，我也只能從俗。當天晚上，跟妻姊買了一箱高級水果禮盒，搭計程車送到林醫師府上去（妻姊友人是台大醫院員工提供林醫師府上地址）。我按了林醫師家電鈴，對方傳來的回音的確是林醫師的聲音，我表明來意，請他明天手術多加關照。令我詫異的是，對講機的彼端林醫師傳來說：

「林先生，請你們不要這樣！明天我會很小心、全力以赴地去幫你太太開刀。你安心就是了，也請你回去安頓好太太的情緒。」

又說：「醫院絕對沒有這種規矩的！」

我答說：「我只是送盒水果，聊表心意。」

林醫師再說：「請回去吧！」接著對講機就掛斷了。

我不敢再打擾他了，於是就回去醫院。在回程的路上，深深的感動與思考著，如此一位清廉又救人無數，改善病人疾病痛苦的外科高手，卻能保有如此的氣度與謙虛。再加上他一再要我回去安頓住院家人的情緒，以及會見病人時，對病人的支持與鼓勵，增添一股安定的信心。今晚無疑地，是對我這個剛要進臨床醫學的醫學生來說，提前上了一堂重要的課！

次日，7月16日第一台刀，妻子早上7點就送開刀房了，我

與家人們自然坐立難安的等著。下午近 3 點手術完畢，由手術房推出來，穿著綠色手術衣的林醫師親自送妻子到外科加護病房，這一幕，始終烙印在我的腦海中。我想他要看到手術後的病人，在外科加護病房的血行動力穩定，各種機器設定妥善之後，才肯交給加護病房駐診的醫師接手。

這樣的舉動，我絕對不認為這是他的「厚操煩」或是做事無方，或是沒有必要的躬親。相反的，我看到一位良醫的謹慎與負責的態度。況且我們不是 VIP、不是有錢人或官員，也沒有請人去關說。從外表看來，我只是一個平凡打工的年輕人罷了。我想林醫師真正是一位仁慈謹慎的醫生，而且對人無分貧富高低，平等如一。他了解到妻子是一家之婦，維繫家庭幸福並負責孩子的教養的重要角色；手術成功與否，對家庭與對社會都有著無窮的影響力。那是他對病人、對社會的一份責任，所表現出來的審慎態度。

手術後，妻恢復很快，順利轉出加護病房。林醫師說妻子接受的是二尖瓣整形手術（valvuloplasty），手術很成功。之後也無需長期吃抗凝血藥，只要調養一段時間，便可再懷孕生第二胎了。

出院後，妻子心臟聲音原來跟火車頭一樣「轟轟轟」的雜音消失了，運動耐力變好，也不再發生端坐呼吸了，日常生活起居恢復得跟正常人一般。十幾年來，林醫師在治療上，一直致力於減少風濕熱對她心臟的損害，妻子也都如期回診，平順地渡過每一個時期，小孩順利上到高中。我則是直接及間接受惠者，畢業後取得醫師執照，完成住院醫師訓練，也順利取得專科醫師執照。我個人心中深深地感激他，並以林芳郁醫師做為臨床醫師的最佳「典範」。

林醫師的醫術及行政能力卓越，在台大醫院持續往上榮升。他雖繁忙，但門診一如往昔，總是親力親為的為病人看診，沒有名醫的官架子。他對病人總是耐心以對，但是在溫柔的言語中，總是帶著一股增進健康、維護生命的堅毅氣質。

　　2008 年 10 月（已經距離妻開心手術的 16 年半後）的例行回診，林醫師（院長）看了妻子心臟超音波報告，表示隨著年齡歲月增長，這一、兩年來心臟功能滑落，二尖瓣逆流增加，左心室射血分數（left ventricle ejection fraction; LVEF）[16] 下降到 40％附近，已經到了需要再開刀換心臟瓣膜的時機點了！請回家跟家人商量，下次回診再回覆，就可以安排手術。

　　妻問是否可等到孩子放暑假再開刀（當時孩子是高中一年級）？林院長說「太久了！」如果家人同意就安排在寒假吧。因為醫病關係全然的信賴，家人們一致同意按照醫師說的時間來安排。安頓好家裡及孩子期末段考的一切後，便讓妻子順利接受手術。

　　1 月 6 日住院，當天下午院長來查房，仍是一本如舊地鼓勵妻子，請她安心，並說接受手術後，心臟可再用二、三十年沒有問題的！隔天的手術係做二尖瓣置換人工瓣膜及三尖瓣做整形手術。同時，院長還親自拿了針對妻子開刀部位及手術方式的「心臟手術前說明資料」來跟妻子說明。

　　不巧的是，當天晚上台大醫院急診來了個需要緊急開心血管刀的病人，外科加護病房全滿了，妻子的開刀日期需延後。林院長來查房時連說抱歉，並說手術改到後天星期五，更表示「如果再不行，我就轉給我的同事幫妳開」（因為當時行政院已經發布：台大

林院長將在 16 日上任台北榮民總醫院院長）。我以同樣是醫師在做醫療決策及維護病人的考量下，至此才完全明白為何林院長急著在寒假前安排手術的用意。

幸運地 1 月 9 日，妻子在林院長主刀下，順利完成第二次開心手術。當天也是早上 7 點送開刀房，一直開到下午 5 點才出來。著實的，我真是折服這群外科醫師，開刀中不用吃、不用喝水，也不用如廁，由衷感謝他們的辛苦與付出。之後，林院長連星期天都進加護病房巡視病人。令我深刻印象的是 1 月 14 日查房，院長診視過妻的手術傷口及聽診後，我們一再感謝院長在百忙中的照顧與仁慈。他只輕輕的問一句話「妳小孩多大了？」同樣是醫生，我懂得院長的意思與用心。15 日查房時，院長握妻的手說：「手術後恢復得很好，好好靜養一陣子，慢慢恢復體力。明天起我將無法查房了，會把妳轉給年輕的虞主治醫師照顧。」

林醫師徹底顛覆了我這種平庸、尋常小醫生的眼界。一位位高權重、救人無數的醫界前輩，在承受萬般壓力之際，仍是如此的細心、謙虛沒有架子，而且謹慎於醫業。我的身心再次受到激勵，從心中佩服與敬重這樣的醫師風範，這是林醫師為我上的第二堂課。

我曾經看過終日庸庸碌碌，僅足溫飽的人；也看過努力工作，使自己家產豐富、享受到福氣的人；也接觸過受先人餘蔭，無需太過辛勤工作即能享受人生逸樂的人。但是，能依著自己宏大的胸襟、高超的醫術與智慧，來填補這世間缺陷的仁慈醫者如林芳郁醫師，我還是第一次遇到。

/ 實習醫師二三事，走上內科之路 /

1996 年 6 月 17 日早上，在成大醫學院石泉廣場的陶版牆下，眾人舉手立下 Hippocrates 誓詞後，開始了「我們這一班」實習醫師的第一天，也正式揭開了我臨床醫師的生涯序幕。

Hippocrates 宣誓詞與黃崑巖院長的醫學理念，可說是醫學生的成年禮！誓詞的意涵，是黃院長一再強調當醫師的基本精神，他期許成大醫院的醫師是文雅而莊重的，穿著整齊、清潔，神采奕奕並從容不迫地為病人診治疾病，不准許見習醫師、實習醫生或住院醫師穿著運動服、球鞋、牛仔褲，就來到第一線的醫院為病人看病（當然突發的緊急狀況仍是以救人第一為優先）。

同時，他要求醫師必須專心、敬業與心無旁騖。與病人說話要有禮貌，具有同理心，醫者最忌諱的就是講出令病人傷心或沮喪的話語。但姿態柔軟不代表一味附和，就算替官員或富豪看病，仍然要保持不卑不亢的態度。

從實習醫師的身上，可以看到更多醫者的初衷。實習醫師時期

（internship）可說是身處「河口的出海點」，充滿著無數膾炙人口的故事與感人事蹟。王溢嘉醫師在《實習醫師手記》[17] 一書，寫出醫院以及病人的種種，以及那段時間對生命與病痛的觀點，是如何對他的生命觀與哲學觀形成巨大的影響。2005 年在美國開播的「Grey's Anatomy」（中文《實習醫師》），更是盤踞美國電視熱門時段最久的一部醫療劇集，從劇中可見「實習醫師」的一斑。

　　成大醫院短短 1 年實習醫師經歷，卻是我醫學旅程中獨一無二的精華片段。現在回想起來，這段時期遇到了許多刻骨銘心的事件，至今仍記憶猶新，影響我至深。有幾個故事，現在想來仍衝擊著我的內心。

愛滋媽媽說：「你這個小醫生以後一定會有出息的！」

　　在 1996 年代，成大醫院對實習醫學生的訓練仍然非常傳統與踏實。實習醫師在清晨 5 點左右就要開始為住院病人抽血及施打針劑，同時關心病人病情。有時候因病情上的需要，抽血的床位數量甚大。

　　抽血本來就是會讓病人心存畏懼的事，如果一針沒上，病人的抱怨聲馬上脫口而出。由於我在服兵役的時候擔任「醫務士」，純熟的抽血技巧，當時就被楊宜青[18] 醫官稱為「林一針」。抽血對我而言就是「一塊小蛋糕」輕鬆無比，可以說比考試勾複選題還要簡單。

　　趁著抽血的時候，我會與病人聊聊病況，關心他們住院治療改

善的情形。透過聊天，不只可以轉移病人對抽血的注意力，也可以趁此機會了解病人對病情改善期盼的「心聲」，因為病人不見得會將這種心聲講給主治醫師聽。同時也能去體會病人在生活上的辛苦面。

由於我的抽血技術不差，遇到不易抽血的病人，我會自告奮勇去服務。當時有一個 25 歲診斷是 AIDS[19] 的男性病人，因得過隱球菌腦膜炎後神智不是很清楚，血管細，抽血又會亂動，算是不好抽血的病人。不巧的是，某日他因為發高燒需要抽血球分析、驗生化、抽兩套血液細菌培養，必須抽兩次針。在 1990 年代，民眾聽到 AIDS 就感到恐慌，再加上病人抽血時亂動，會提高醫護人員可能被針扎到的風險，故而在病房缺少人力之際，我得到訊息後就自告奮勇前去幫忙抽血。

到達病室，首先對病人的母親解釋我的來意，並且關心年輕人發燒的情況，以及需要抽血檢驗及做細菌培養以了解發燒的原因。同時說明做兩套血液細菌培養必須抽兩次血，且需要在不同部位、時間間距 30 分鐘抽血，以送去細菌室去培養。

病人母親在接受我的解說之後，我溫言請她協助安撫病患抽血的不安與疼痛。在抽血過程中，我除了按血液細菌培養步驟的標準程序 SOP 之外，左手輕輕固定病人的前臂，用右手單手來進行抽血。所幸，很順利地一針就抽到了，病人也沒有太大的痛苦反應，整個過程都非常的順利。

圓滿完成本次的抽血任務後，在我準備離開病房時，病人的母親誠摯地向我道謝，並說：「林醫師你跟他們不太一樣耶，你這個

小醫生以後一定會有出息的！」乍聽此言，心裡頓時有一股莫名的情緒流淌而過，可一時之間卻不知如何回應她對我的感謝，只有以謝謝以及會持續關心病情，來回應她的肯定。

直到實習醫師訓練完畢，醫院盤點協助「困難抽血病人」執行抽血業務，我因為次數最多而獲得小小的獎勵。這段實習醫生的訓練，讓我在日後的臨床工作上，不論在加護病房或是在急診，遇到休克或急需 CPR 的病人，總能與團隊醫護人員迅速地打針、抽血搶救生命，即便當法醫需要為 cadaver（大體）抽血、抽眼球液送化驗等高難度動作，也難不倒我。

精神科學習瞻妄病人、憂鬱症的精神領域照顧

因為興趣所致，我曾到精神科實習，雖然只有短短一個月，但是收穫頗豐。

對病人精神症狀予以評估，判斷他的精神狀態是處於急性精神病發作（acute psychosis）、瞻妄（delirium）[20]、精神分裂（schizophrenia）、憂鬱症（depression）、焦慮（anxiety）、自殺防治、器質性精神疾病（organic brain disease）等，是醫生必須具備的專業之一。

再者，不等程度的憂鬱症也會發生在內科病人身上，舉凡老人、癌症、骨折、中風或任何器官衰竭的病人都會發生。而我對瞻妄的素養是來自於實習醫師時期，由於這是內科病人常常會發生的狀況，因此對我日後不只在診治病人有很大的幫助，同時在內科病

人的照顧與治療上也更加周全。

一個送病人的過程，全程目睹過敏性休克的發生與急救

在小兒科實習時，某天有一位來自白河鎮的十歲小朋友，因為眼瞼下垂（ptosis）併複視送到成大醫院來治療；在檢查項目中，包含一項腦部顯影劑電腦斷層照影。

按規定，顯影劑電腦斷層照影（contrast CT scan）必須要由實習醫師來接送。檢查之前病人狀況一切都正常，而且也禁食八個小時，並了解病童並無藥物過敏史或過去的疾病史。

接獲通知時，我在護理站即刻放下書寫中的病歷，迅速用大床推送病人去做檢查，病童的阿嬤也隨行。路上我問弟弟「念幾年級？」「請幾天假？」與他拉近關係。我在鉛玻璃端另一邊的控制室，看著這位弟弟，檢查很順利很快地在進行著，打顯影劑的掃瞄做完，接著下 CT 檢查台，準備送他回四樓的兒科病房去。整個過程一切順利，然而，這位小弟弟接下來發生了讓我永生難忘的突發狀況。

約莫是下了 CT 檢查台 6、7 分鐘的時間，我們進了電梯，此時弟弟臉部開始潮紅，直喊「阿嬤，我好熱！」接著就吐出一些胃液，整個人懶洋洋地好像要睡著的樣子。

我們一看即知狀況危急，立刻加快推床的速度，火速回到四樓兒科病房，隨即喊：「病人回來了！神志不清，快量 vital signs（生命跡象）！」

結果收縮壓42毫米汞柱，心跳48下。我與護理師同時大聲喊：CPR！[21] 所有的住院醫師、總醫師、護理師們急忙進到病房施行急救。當心跳剩下每分鐘 10 下，住院醫師學長大喊 epinephrine 1 mg（強心針）、normal saline challenge（生理食鹽水大量輸液）、備 endo（氣管插管）[22]……所有的急救手段急急如律令，我則是退到後面支援幫忙。所幸，最終病人生命跡象順利復甦，並且轉到加護病房，治療後該病人也完全康復，沒有休克的後遺症發生。

　　生命的危急就在眼前突發，當時的狀況極度震攝了我，思緒久久不能平復。在處理到一個段落之後，仔細回想整個過程，應該是顯影劑造成的過敏性休克。我畢業迄今二十幾年了，這還是唯一一次，全程目睹過敏性休克的發生與急救。沒想到一個看似平常的送病人過程，卻讓我目睹到過敏性休克病人臨床樣貌，並且學習到急救過程的寶貴經驗。

　　在實習醫師的下半年，因著嚮往前輩醫師們用問診病人的方式（history taking），加上一雙手、一支聽診器為病人做身體診察（physical examination），就能神奇的診斷出「肝膿瘍」的疾病來，我心中對此無比的折服。因此在畢業後，我選擇走上了訓練成為「內科醫師」的這條路。

NOTES 註釋：

1　祖母：我的祖母張招治女士本姓江，從小過繼張家當養女。

2　陳五福醫師：陳五福（1918 年 12 月 20 日～1997 年 11 月 8 日）台灣宜蘭縣羅東鎮十六份人，眼科醫師、社會工作者，創辦「慕光盲人重建中心」，人稱「台灣史懷哲」、「噶瑪蘭的燭光」。1997 年 11 月 8 日因肝癌去世。

3　慕光盲人習藝所：陳五福醫師有感於國內缺少為盲人提供教育的地方，遂於 1959 年購地興建校舍並成立董事會，慕光盲人習藝所原校址設於羅東鎮北成街。後因舊址不敷應用，為擴展對盲胞的服務，遂遷至現址冬山鄉冬山路三段一百七十九號。慕光以服務為出發點，提供視覺障礙者身心重建及謀生技能訓練，使其能自力更生並能服務社會。1974 年為著重視障者身心重建的訓練工作，復定名為「慕光盲人重建中心」。

4　《行乞記》：《我和毛澤東行乞記》蕭瑜著。蕭瑜又名蕭子升，是毛澤東在湖南第一師範的同學。

5　《南天的十字星》：《南天的十字星——杜聰明博士傳》葉炳輝／許成章著，新民書局 1960 年出版。

6　預備軍官：是中華民國政府依照軍官服役條例所實行的服役方式，主管機關為國防部，開放予合乎標準且尚未服義務役的男子，預備軍官考試錄取者受訓及格後，在服役時任少尉預備軍官。

7　塩野義（Shionogi）藥廠：塩野義製藥（日語：塩野義製薬株式会社，英語：Shionogi & Co., Ltd.），是一家日本製藥公司。1878 年 3 月 17 日由塩野義三郎創業。

8　學士後醫學系：在 1982~1991 年，台灣有五所大學醫學校院參考美國的醫學系學制，先後試辦了招收大學畢業生的五年制學士後醫學系。醫預科兩年以一般大學教育的四年來折抵，新生從基礎醫學開始修業的醫學系學制。

9　武田書坊：位於成大醫學院內圖書分館的武田書坊館藏量約為 1,100 多

冊，主要收錄與醫學有關之歷史、倫理、哲學書籍、古今中外醫界偉人之傳記及以醫學為背景的小說為主，以開拓醫學生、醫師或醫療工作人員對醫療知識之深度與廣度。

10 石泉廣場：成大醫學院為紀念台南已故醫學典範韓石泉醫師，開闢了一個兼具有醫學人文與藝術教育價值的「石泉廣場」。

11 Hippocrates 誓詞：希波克拉底誓詞（Hippocratic Oath），俗稱醫師誓詞，是西方醫生傳統上行醫前的誓言。希波克拉底乃古希臘醫者，被譽為西方「醫學之父」，在希波克拉底所立的這份誓詞中，列出了一些特定的倫理上的規範。世界醫學協會於一九四八年日內瓦大會採用為醫師誓詞。

12 端坐呼吸（orthopnea）：病人平躺時會加重呼吸困難，因而必須維持坐姿或半坐姿，以獲得緩解，此種現象多是心血管系統疾病造成。

13 連文彬：係國內心臟醫學領域權威、國立台灣大學名譽教授、前台大醫院內科主任。曾經擔任李登輝總統的醫療小組總召集人。

14 風濕性心臟病：β 溶血性 A 群鏈球菌（β-hemolytic group A streptococcus）感染呼吸道之後，造成自體免疫異常，引發風濕熱（rheumatic fever）是全身性結締組織的非化膿性炎症。如果牽連到心臟病，引起風濕性心臟病，造成心肌與心臟瓣膜的受損，其中又以二尖瓣最常被侵犯，主動脈瓣次之。初發年齡為 6~15 歲，8 歲左右最易患風濕熱。

15 中陽醫院：林洪燦醫師畢業於帝國大學（即臺大醫學院前身），於民國 28 年返回羅東帝爺廟邊開業「中陽病院」，即光復後的中陽醫院。一生行醫 56 年，開業中陽醫院 52 年，是羅東鎮內行醫最久的名醫，至 86 歲仙逝，一生對羅東地區的民眾保健貢獻甚大。其子媳均為醫界的傑出人士，堪稱羅東醫學世家，無人能出其右。

16 左心室射血分數（left ventricle ejection fraction; LVEF）：WHO 推荐 LVEF 正常值，靜息狀態下左心室射血分數（LVEF）$> 50\%$。當心室收縮時，其射血分數低於正常值時，稱為低輸出量的心臟衰竭。一般心臟衰竭的病人，大多屬於此類。

17 《實習醫師手記》：王溢嘉醫師著，野鵝出版社，1989 年出版。

18 楊宜青：台灣大學醫學系畢業、美國哈佛大學公共衛生學院公衛碩士，成大醫院家庭醫學部主治醫師、衛生福利部臺南醫院副院長。

19 AIDS：愛滋病（AIDS）又稱「後天免疫缺乏症候群」，是由愛滋病毒引發的疾病。人類在感染愛滋病毒（HIV）後，通常不會立刻發病；可能在感染後六個月，甚至長達十年或更久才有症狀發生。當病情進展到 AIDS 時，會使人類失去抵抗病原體的能力，甚至喪失生命。

20 瞻妄（delirium）：瞻妄是一種突發的急性腦症候群（syndrome），而非疾病（disease）。是一種以意識障礙為主的急性發作症狀，常見於內外科病患、精神科病患、物質濫用戒斷期、精神疾患急性發作等期間。

21 CPR：心肺復甦術（cardiopulmonary resuscitation, 縮寫成 CPR），心肺復甦術是一種幫無意識、無呼吸或幾乎無呼吸的患者維持腦功能，並藉由「胸外按壓」的關鍵動作，讓病人恢復呼吸及血液循環的救命術。

22 epinephrine 1 mg（強心針）、normal saline challenge（生理食鹽水大量輸液）、備 endo（氣管插管）：CPR 過程中醫師的指令，即心肺復甦術過程中用以維持心跳、血管容積、血壓及呼吸道通氣的種種措施。

住院醫師訓練

從主治醫師或前輩們的醫療決策中學習，
讓自己的醫術和歷練慢慢成長，
期盼自己有朝一日能穿上白色長袍，
成為獨當一面的「主治醫師」。

/ 充實的住院醫師訓練 /

在 1998 年時，林口長庚醫學中心已經是 3,000 床的醫院，係台灣床位最多的醫學中心。王永慶先生為台灣社會，提供一個床位便捷、病人服務快速的多分科、多功能的綜合教學醫院。林口長庚醫院的內科細分成 10 個次專科，床位數超過 1,000 床，主治醫師陣容龐大及訓練完備，歷年來考取專科及次專科的前輩更是不計其數。

在臺安醫院一年裡的訓練，倍感充實，每一位前輩及主治醫師都對我傾囊相授。考慮到兩年後的內科次專科醫師訓練，仍需外院代訓或另覓其他醫院，為了住院醫師的訓練與學習，為使自己可以更勝任服務病人的臨床技能，我鼓足了勇氣，前往更困難的、挑戰性更高、更忙碌、競爭性更大、薪水比臺安醫院低的林口長庚醫院去努力與發展。於是在臺安醫院何庥芳醫師及吳憲林醫師的引薦之下，我轉到林口長庚醫院，繼續內科專科醫師的訓練。

初到長庚，有一點小插曲。我來到長庚醫院的第一個月，與陳

世彬醫師一起，即輪訓到林口本院以外的基隆長庚去（按照以往的慣例，R1[1] 的前 3 個月留在林口總院先適應環境，以減少離職率）。另外，我的前兩個月跟的 team（團隊）都是上個月 R1（第一年）住院醫師待不下去而離職的 team，剛接手時不但病人多，而且醫囑凌亂、病歷短缺不完整，病人及家屬已經半個月沒有住院醫師服務了，急需照顧與安頓。

由於每一個醫院的作業系統及團隊同仁們的作業習慣都不一樣，對我這位剛報到的新手醫師，在適應上產生了很大的壓力。當時只有傻傻的埋頭苦幹，看到病人有病情上的需要只管往前衝。在今天回想起來，R1 的第一個月就外放到基隆院區，可能是行政總醫師知道我在臺安醫院已經訓練過一年，比較有經驗且耐力比較好的緣故吧！

當時我家在內湖，住院醫師時期生活很規律，5 點多起床，一早就搭上第一班公車，到台北長庚醫院去換搭第一班接駁到林口長庚的巴士。我總是在早上 7 點半之前到達並且交班完畢，讓前一晚的值班醫師可以準時離開，回去處理他自己的病人或參加學術性晨會。

住院醫師真的很忙，是忙到那種真的可以「住在醫院」的類型。早餐通常用喝的、用倒的，然後隨即趕快地，就按值班醫師交班下來的問題進行處理或追蹤。要不然就是每天一早，重新掌握我所照顧的每一位病人的最新狀況、治療或疾病的進展情況、追報告、追數據、問病史、評估病人的症狀或不適、評估病情的進展、解釋治療、整合家屬方面的意見、衛教病人或家屬、教家屬幫病人做復健、解除病人疑慮、疏導病人的情緒和心理問題或帶病人去做

侵入性檢查……等等，這些全部都是住院醫師的工作，必須趕在主治醫師來查房之前將一切情況掌握，把所有的前置作業完畢、一切治療就序。

事實上，即便做到這樣仍然還是有很多不足之處。之後需再從主治醫師或前輩們的醫療決策中學習，讓自己的醫術和歷練慢慢成長，期盼自己有朝一日能穿上白色長袍，成為獨當一面的「主治醫師」。

在這段過程中，凡事一切都要以病人為先，因而錯過很多好的演講。不過說實在的，我沒有遺憾，因為要聽好的演講下次還有機會，而病人康復的機會就只有一次。而因為跟查房、每一天跑病人病房多次，忙上忙下的，經常喝水不夠，到了下午看到尿的顏色很黃，才提醒自己要多喝水。

成大畢業前，記得曾經有一個機會，我聽過一位遠從美國回來，準備角逐成大醫學院院長的候選人，是一位在美國很出名很成功的醫師前輩，他說道：「resident（住院醫師）下班後開著一部名車四處晃，對你的職業有何幫助！」及「醫業本來就是比較辛苦的行業之一。」當我在疲乏無力的時候，經常用這幾句座右銘來砥礪自己。

在制度上，住院醫師的每個月都會輪訓到不同的內科次專科。所以，我都會在每個月的 29 到 31 日之間，先去熟悉及掌握下個月 1 日即將要照顧的病人們，而且會先跟病人及其家屬打聲招呼並自我介紹認識。記得 R3 那一年的某月，我有幸輪訓跟到一位在國內很出名、臨床上很嚴謹的教授，但是因為我在前一個月是輪訓到基隆長庚院區，所以我從 29 日起到 31 日間，連續每天在基隆長庚下

班直接搭接駁車回林口長庚，詳細研讀下個月 1 日起所要追隨的教授所照顧的病人病歷，晚上看太晚疲累了，就直接到 Intern（實習醫師）的值班室睡覺過夜，隔天早上醒來再搭接駁車去基隆長庚院區上班。

如此地，連續看了 3 天，才真正了解個案的病情。實際上也必須要做到這樣，才有把握勝任照顧病人的重責大任，並永遠謹記臨床上「要仔細及一絲不苟」的重要性。

另外一個故事是：林口長庚內科的某個次專科也是享譽全國。記得 R1 那一年 2 月 28 日晚上（即 1999 年 3 月 1 日的前一個晚上），住院醫師大家都在看明天即將接手的病人。我記得很清楚，即使已經過了午夜 1 點，幾乎所有的住院醫師，都還在護理站看明天早上即將要接手照顧的病人個案病歷或書寫接班摘要（on service note）[2]，沒有人敢下班回去睡覺。因為明天查房時，如果跟教授報告有關病人的病史或臨床問題，講得不清不楚或不知所云，總醫師（chief resident：CR）會接手幫你做報告或進行補充，這是很沒有面子的事情。所以，大家都很努力去熟讀自己的病人個案，這在長庚住院醫師的文化中，已形成一個負責嚴謹的風氣。

我個人因為盡心盡力且積極的照顧病人，在 R1 的下半年就被安排進加護病房（ICU）去輪訓照顧更麻煩的重症病人（按當時的通則，R2 才能進 ICU 照顧病人），這算是對我的肯定及破格晉用。

在住院醫師前三年的訓練期間，我跟過各個科系主任和卓越的大醫生，著實獲益匪淺！

- 內分泌陳光文醫師教我看 hypothyroidism（甲狀腺功能低下）的症狀，及其他新陳代謝／內分泌系統徵候（signs）的訣竅與心法。
- 心臟內科吳德朗醫師的心電圖訓練，及對內科問題診斷用破題式或剝竹筍式的解析法則。
- 消化內科朱嘉明教授分享他當年負笈英國研究病毒性肝炎，那種探索科學未知的勇氣與情懷。
- 胸腔內科郭漢彬醫師的呼吸系統生理、肺部復健、COPD/asthma[3] 的呼吸道炎症治療，更貼近於治療上的完美。
- 施麗雲醫師在血液疾病的卓越與嚴謹，及科內堅強的血液檢驗室。
- 與腎臟科黃秋錦醫師學特殊案例的照顧以及很優異的臨床原則。
- 胸腔科謝文斌醫師在塵肺症病人的照顧很周全、很卓著。
- 腫瘤科廖宗琦醫師臨床上的慈心、周延性、淵博與不吝傾囊相授。
- 腎臟科方基存醫師照顧慢性腎病病人的周密性與仁慈，是一位仁醫典範。
- 心臟科葉森洲醫師專精在心臟電氣生理學及心率不整的介入性治療。
- 心臟科陳銘賢醫師對心率不整、心衰竭獨到的治療與見解。
- 感染科江秉誠醫師的感染管制與簡單明瞭的醫療決策。

總之，住院醫師時代有說不完的故事，是每個醫師人生精彩的片段與回憶！

/ 幸遇明師啟蒙 /

　　猶記得在 1997 年的秋天，剛畢業後，在臺安醫院內科服務，擔任第一年住院醫師[4]的時候，心臟內科蔡孟輝醫師曾經指點我說：「臨床醫學上若能跟著突出卓越的老師去學習，日後醫學的視野會比較寬廣。」

　　接著轉到林口長庚醫院繼續進行我的住院醫師訓練，第二個月（即 1998 年 9 月份）輪訓到消化內科，跟的主治醫師是消化內科的連昭明老師。令人驚訝的是，在事前我萬萬也沒有想到，這一個月的訓練經歷，居然長長久久的影響了我日後醫病的邏輯與風格。

　　很巧合地，那一個月同時有一位美國哥倫比亞大學醫學系的羅姓暑期實習醫學生（在當時，羅同學等同於台灣當時醫學系六年級的程度，但美國大部分是 post-baccalaureate program，即學士後醫學系），藉著暑期回台之際，到長庚醫院一起跟隨連昭明醫師學習。對我而言，除了學習到連醫師的臨床觀點與診視病人的風格之外，這一位美國來的優秀實習醫學生，也是我觀摩及反省自己醫學

教育與訓練的對象，我們常常一起照顧病人，討論病情。

連醫師是國內病毒性肝炎的專家，畢業於美國賓州大學的 PhD（理學博士）級醫師。他除了有淵博的醫學知識之外，亦首重問題導向式（problem-oriented）地去解析病人的臨床問題以求取診斷。跟著他學習期間，他要求我除了要很細心的去問診與身體診察外，並需詳細地瀏覽住院病人那整本厚如電話號碼簿般的病歷本（在1998 年，全國醫院尚未電子化，仍是紙本病歷）。

老師曾經告訴我：「你自己需要為每一位住院病人寫一篇『admission paragraph』（入院短評），再看看跟我寫的差別在哪裡？」兩相比較下，才知道老師的功力如此深厚！老師入院短評在200 到 500 字之間，不但把病人的目前疾病狀態、過去病史和治療的來龍去脈，以及今後的治療方向都做了清楚的描述，條理清晰一目了然、言簡意賅，非常的紮實。我從連醫師身上學到對於病人目前疾病狀態與病史的來龍去脈，充分掌握及洞悉治療的前瞻性及概念。

我也觀察到連老師始終在查完房、門診下診及下班後，仍在病床邊（bed-side）看病人、做檢查或坐在護理站寫病歷，或是記錄對於診治的見解。連醫師告訴我：「當醫生的人要有些許的勇氣，病人每天的問題需要在太陽下山前解決清楚。」當病人的診斷是清楚時，連醫師下醫囑時會按照實證醫學的精神，條理清晰只開具有療效且合於實證醫學的處方或治療。

老師總是我學習的對象，即使離開消化內科及之後進到胸腔內科當研究員，在醫院內的醫療服務中，每當看到連昭明醫師寫的病

歷紀錄時，我總會張大眼睛詳細的讀完它，把我遺漏或不足之處補齊，並且把老師強調的項目牢記於心，也期許自己下一次可以寫得跟老師一樣的水準，以更好的服務病人。雖然只是短短一個月的學習，連昭明醫師的醫療風格卻深深地影響到日後行醫的我，感恩曾經跟他學習，至今心中仍以自己是「連友會」而自豪。

/ 能穿白袍幫人看病是恩典 /

能當上醫師穿上白袍為病人解除病痛，是蒼天賜給我的恩典！始終記得，在上一個世代，醫學院校數量上只有現在的一半，能考得上醫學系，眾所周知是鳳毛麟角的事情。地處偏鄉宜蘭，小公務員家庭長大的我，父母親沒有什麼太大的期望，只希望我長大以後有一個正常的工作，能養家就好了。之後，有幸能進到成大醫學院受到黃崑巖院長的熏陶、師長們的啟發，在修得醫學士學位，進到醫學中心接受專科醫師訓練，心中總是喜樂光榮而且雀躍不已。

自從當「小住院醫師」開始，我就體認到自己知識不如人、聰明不如人的事實。每天在醫院裡積極地去服務病人，勤跑病房，到 bed-side（病床邊）看病人的病情，並且努力學習老師和前輩醫病的態度、知識和技術，期許自己的知識與技術能純熟，有朝一日能取得專科醫師證照，去開業當一個稱職的 clinician（臨床醫師）來服務病人。

我打從內心深處感謝如此的恩典，無論是在夜間或假日的值班時段，除了用溫馨的笑臉、謙和的態度面對病人及家屬來進行醫療服務，在白天值班時間，也能持續提供病人進行最好的治療。最麻煩的是遇到住院幾天下來仍是診斷不明、加上病情不穩定或持續在惡化的病人，如何在值班時段，發揮「響尾蛇般勇於搏鬥的精神」，接手繼續進行診斷並且破解診斷上的難題，並努力地在天亮、交班回去給原來的 team 之前，把病人確切的診斷做出來，以便對症下藥及進行治療。

　　記得好幾年前，曾經遇過這樣的一位病人：

　　某一個星期二的早上，64 歲的許先生因為支氣管性肺炎，經由急診簽住院到胸腔內科病房來照顧。他是在去南部參加廟宇的進香團回來之後，發現發燒、倦怠、嚴重咳嗽合併黃色膿痰，到急診求治，由於胸部 X 光在右下肺葉有浸潤，因而住院。

　　幾天的抗生素治療下來，胸部 X 光有些許進步，右下肺葉浸潤減少、發燒也停止了。但是奇怪的事情發生了，住院的第三天開始，每每到了黃昏的時分，病人就如中邪似的開始瞻妄（delirium），拔點滴線及注射軟針、脫光衣服、罵自己家人⋯⋯，一切亂事都來了，鬧到睡著為止。有時還鬧到半夜不睡覺，但是一到白天就又恢復正常了。

　　一開始我就密切地在注意及找尋病人發生瞻妄的原因，但是遍尋不著，而且病人沒有神經受損的局部徵象（focal neurological signs）。感染、電解質、生化、全身的身體診察（physical examination）、神經系統的身體診察、排除藥物的副作用、內分泌、動脈血、胸部及

腹部的 X 光、會診神經內科等等都在進行中。但是隨著數據陸續回來顯示一切都是正常的，神經內科會診評估表示沒有中風或腦神經病變。

兩天過去了，瞻妄的原因仍是不清楚，猶如陷入五里霧中。病人的太太認定是「中邪」，已經到廟裡求神明幫忙去了。我心知，倘若沒有找出病因或診斷，病人一定會有生命危險，而且死因不是肺炎。

門診結束後的下班時間，我仍然守在病房，反覆地看著病人、一再思考著身體診察上所發現的任何疑點及所有臨床數據。住院的第 5 天，因為病人的有些微的頸部僵硬（neck stiffiness）[5]，雖然幾天前的神經內科會診說無異常，我依然決定要做腰椎穿刺（lumbar puncture）[6]，取腦脊髓液做進一步分析，以排除中樞神經系統的病灶。經過我的病情解釋，家屬方面同意進行腰椎穿刺，但是因為恐怕病人可能存在腦壓增高或異常，在腰椎穿刺時會引起腦疝現象（brain herniation）[7]，所以我主張先進行腦部電腦斷層，進行評估及排除腦壓升高的情況，以策安全。

我們在電腦斷層室鉛玻璃的另一端，當掃描進行完畢的時刻，發現瞻妄發生的原因，終於真相大白了，原來是少見的左側腦室出血（intraventricular hemorrhage；簡稱 IVH）[8]。星期六的下午，積極的神經外科醫師隨即進行開刀引流，最後手術成功，病人也恢復良好出院。爾後的幾年間，許先生因著呼吸道疾病，曾經幾次來到我的門診求治，經常把當年被我救治的往事掛在嘴邊。

真的，我沒有比大部分的醫師聰明，遇到症狀不典型的病人或

不可預期的情況時，手心也是在冒汗的。但是總以謹守職責與分際，虛心及積極地為病人解除病痛的原則，很多困難的事情就自然而然地解決了。

畢業 22 年的今天，心中仍然不時地感念曾經受成大醫學院黃崑巖院長的啓發與薰陶，所產生出來對病人的一份責任心，以及成醫人不一樣的醫學視野與特有的醫療理念。

/ 進胸腔科當研究員 /

内科醫師訓練的路上，R1 至 R3（住院醫師第一年到第三年）是打基礎，充實臨床知識與技能，為日後在選擇次專科的競爭上及升為主治醫師的臨床照顧實力做準備。雖然法律上只規定，醫學院畢業生只要在教學醫院訓練 2 年以上，即可到坊間去開業服務。但是醫學日新月異，由於分子生物學、免疫學、流行病學、細胞生物學等等的進步，大大的提昇了疾病的診治。例如：以內科學的聖經《哈里遜內科學》（*Harrison's Principles of Internal Medicine*）來說，1970 年代時的第三版，書只有一本而且不太厚，但是在 2001 年的第十五版紙本書，已有二巨冊 2,880 頁的內容了。醫學也因為科技進步，醫學知識及內容也跟著增多。

台灣的專科醫師制度相當地周全細膩，專科證照需每 6 年更新一次，絕大多數的醫學生畢業後，都會在教學醫院訓練直到考上專科醫師。專科醫師證照拿到後再決定是留在大醫院，或者選擇從事開業的臨床工作。總之，充實臨床的智能與技術是日後行醫的利

器。

　　有趣的是醫師改做其他行業成功的典範也大有人在，例如：到政治界、到文化界當作家或藝術家、到商業界做企業家、當宗教家、到體育界或做純科學研究的科學家等等皆大有人在。

　　內科住院醫師到了第三年（R3）的上半年有一個選內科次專科[9]的活動，就如同醫學院畢業前夕選科一樣，它將會影響日後人生的走向，只是這次的範圍及程度稍微小了一點。例如：看心臟病與看風濕免疫性疾病就相差許多（當然同屬內科疾病，仍是有很多共通性的思考與原則），完全依個人志趣、人生目標、出路、工作型態來做一個選擇。而且在一升到住院醫師第四年，馬上面臨內科專科醫師的考試。所以，R3 這一年對每一位內科住院醫師而言，都是關鍵的一年。

　　在 R1、R2 時，我幾乎對全部內科的次專科都很感興趣，到了升上 R3 才很費心去思考與做選擇。綜合這兩年多來在長庚醫院所見所聞，我比較適合動態的次專科（心臟、胸腔），也喜歡有重症的次專科（心臟、胸腔）。另外，胸腔科像塵肺症、肺結核多屬於窮人的疾病，更是令我憐憫與神傷。再者，肺臟是一個易於觸及（approachable）的器官，因為下呼吸道可以透過採集痰液查驗，或用支氣管鏡（bronchoscopy）可以深入下去做分析或採檢取樣，所以胸腔醫學始終進步得很快。我也受到前輩如台安醫院胸腔內科何游芳醫師、吳憲林醫師的影響，她（他）們臨床做得極好，我對她（他）們非常崇拜。

　　林口長庚胸腔內科醫學研究（醫研）的風氣鼎盛，係受郭漢彬[10]

教授的影響極大，帶動了整個林口長庚醫院研究風氣。當時內科住院醫師們熱衷於選擇胸腔科訓練，也是受到郭醫師在呼吸生理上的卓越治療成就，及科內的醫學研究風氣旺盛所致。

2001 年，長庚住院醫師在那一年申請胸腔內科比往年更熱門、更難錄取，其中不乏當屆 39 位住院醫師中的佼佼者來競爭。幸運地，我可以躋身到熱門的胸腔內科當研究員，接受次專科醫師訓練。對於能進入這個熱門科，除了心存感激外，更砥礪自己必需比別人更努力學習。

/ SARS 戰役 /

若 形容 2003 年台灣的 SARS[11]「戰疫」為 SARS「戰役」，一
點也不為過！

至今 SARS（急性呼吸道症候群）風暴與 921 大地震仍是近百
年來，台灣民眾最刻骨銘心、最傷痛的兩件事情。

在 2003 年初，台大醫院內科部藉景福館例行性學術討論會的
機會，召集各醫院醫師們開會。討論從 2002 年秋天起，源自中國
廣東省的一種仍不明致病源的肺炎。這種肺炎在人類間可藉由呼吸
道飛沫互相傳染，當時已經在中國各省傳播開來了，台灣地區將
如何對策因應？受感染者會很快的進入到 ARDS（acute respiratory
distress syndrome，急性呼吸窘迫症；雙側肺部白掉，造成氧氣不
足而死亡）的狀態，迄今仍無特殊的治療方式，且是死亡率極高的
一種呼吸道新興傳染病。

在此，僅就一個第一線的呼吸胸腔科總醫師，負責照顧 SARS
病人的所見與所為，參與「SARS 戰役」期間令我記憶最深刻的有

三件事。

將一家老小託付給妻子，做一個詳細的交代

在 2003 年初至初夏之際，全球的防疫能力是否能遏止這個新興傳染病，仍在未定之天。受到 SARS 侵襲，全國變得有些蕭條，路上、公共場所及交通都冷冷清清，本來門庭若市的醫院猶如一座死城，整個社會被這隻病毒癱瘓了。全國人民的生命安全，進入一個未知且慌亂的狀態。

年邁的母親經常來電要我養好精神，醫療服務之際尤其要小心自身安全。另外，關心我的三姑媽囑表哥送來好幾十個 N95 口罩，期盼我在照顧病人的醫療服務期間能夠平安無恙。基於對未來的不確定性，以及和平醫院的疫情爆發出來封院之際，也有他院臨床醫師因為照顧 SARS 病人而身亡。自己的 team 輪到上線照顧 SARS 病人前，想著如果自己照顧病人不幸染 SARS，就可能永遠回不了家了。做了最壞打算的我，把家中長輩和小孩的照顧與處置，給妻子做一個詳細的交代。

當時醫院臨床科分成三組相互輪換，因為惟恐醫師染上 SARS 後，整個科折損掉，影響臨床或抗煞戰力。日間我跟著由羅友倫醫師領軍的 team 照顧 SARS 病人，夜間和假日值勤時，都要接受急診發燒篩檢站個案的會診與評估個案收治入院。每天中午在長庚兒童醫院 12 樓，參加林奏延教授主持的急性呼吸道症候群「專家會議」，討論個案的診斷、治療、防疫公衛等問題。

照顧完 SARS 病人後，整個 team 退下來在院輪休待命，需要幾天的自我隔離。當時並把握時間，戴著口罩到實驗室做點實驗進度，確定沒有發燒才敢下班回家。

負壓隔離病房內的勇敢

照顧 SARS 病人中有個很特別的狀況，就是為了有效防堵疫情擴散，針對 SARS「疑似或可能病例」的定義 [12]，來做為是否需進行負壓隔離的判斷？事實上，有些病人是急性病毒（非 SARS）的感染、敗血症、肺結核、膽囊炎、胰臟炎、紅斑性狼瘡急性發作或急性肺水腫，在第一時間是很難 100% 區隔得很清楚。

由於事關疫情擴大，唯恐萬一，只要有合於 SARS 診斷標準的「疑似或可能的病例」，在第一時間就要收入到負壓隔離病房處照顧，待 PCR [13]（polymerase chain reaction，聚合酶連鎖反應）報告出來排除 SARS 診斷再進行解除隔離。所以第一線的負責照顧醫師積極地去重新評估病人，更新診斷、安排需要的治療變得很重要。

除了小心分析檢查報告外，每天早上上班隨即戴上 N95 口罩、換上整套隔離衣、戴著眼罩進入負壓隔離病房去診察病人，進行確定診斷或排除 SARS 肺炎。個案如果排除診斷則及早解除隔離，以便後續治療。同時確保病人在負壓隔離病房的安全性，因為敗血症與 SARS 肺炎治療方式不同，又急性肺水腫或心肌梗塞需介入性治療，而 SARS 肺炎不需要。

另一方面，身處負壓病房的「疑似」或確診為 SARS 的個案，

除病情上的痛苦與不適外，病人也有著嚴重的絕望、恐慌、沮喪、焦慮等心理及情緒問題。在嚴密安全的防護下，我每天進入負壓隔離房去逐床診察病人，評估病情的進展，同時給予情緒上的安撫，建設病人的信心，鼓勵他們與醫師攜手勇敢地去面對「抗煞戰役」。醫師雖有赴湯蹈火的壯烈，但卻是職業道德很重要的一環。

戰勝世紀級的新興傳染性瘟疫

L姓女病人，係疾病管制局[14]確診為SARS個案，住在負壓隔離病房治療中。因為雙側肺炎嚴重，病況持續惡化，呼吸器設定50％的氧氣（FiO2 50％）治療。某日黃昏病人的氣管內管滑脫，醫療團隊在場聞訊，劉劍英醫師帶著麻醉科醫師和我，火速地戴上P100口罩[15]，並著整套的隔離衣物及眼罩進入病人的床側，執行插管任務。雖插管過程順利，但是我們精神壓力之大，除非身歷其境，否則外人是無法體會。

進到負壓隔離病房之際，親眼目睹一個治療未確定且高死亡率的新興傳染病的病房，是如何讓人心驚。患者在極度重症又生命垂危的狀態下，因有高度傳染性風險，醫療人員在負壓隔離病房的進出及作業必須迅速及確實，內部現場擺置凌亂，說是如同戰爭般的場面，一點也不為過。

幸運地，L女士病情逐漸趨穩，我們查房訪視她時，很慶幸病情有顯著的進步。而家屬基於她大病剛脫離險境尚有諸多顧忌，決定暫時不告訴當事人，告知有兩位至親因染SARS過世的消息。

L 女士轉到普通病房數天後，順利的出院回家。當我在打她的出院病例摘要（discharge note）時，心裡有著無限的感觸。沒想到一個世紀級的新興傳染性瘟疫，一條傳染動線，打破一個家庭、擾亂一個社會，繼而引發南部某大醫院的院內疫情。

　　所幸，因北半球進入夏季，隨著天氣漸漸變熱，以及全球各國政府及醫界通力的及早偵測、診斷、隔離和治療政策的成功，讓 SARS 逐漸消失匿跡，人類打贏了這場世紀病毒大戰。

／林口台地的 1001 夜／

住院醫師訓練期間的辛苦，先前已有不少描述。前輩們都會說：「醫業本來就是比較辛苦的行業之一。」從醫開始我就知道這箇中的不易與艱辛，除了讀書之外還要接受「值班醫師」照顧病人的磨練，臨床服務、醫學研究、教學以培養後進……忙到不可開交。但想到，有朝一日能夠成為獨當一面診治病人的專科醫師，並實現我「濟世救苦」的理念來行醫，頓時所有的辛苦都一掃而空，面對巨大的挑戰，我則是以積極樂觀的信念與態度迎向未來。

當醫學生起，就知道住院醫師要值班照顧病人。各科住院醫師訓練中，都一定含有夜間或假日「值班」這個項目。因為醫療業無法像其他的行業，沒有顧客就下班打烊，而是需要在夜間或假日留守一定比例的人員，負責病人病情的照顧。這種留守的醫療人員，當然是以住院醫師最為恰當。

以內科為例，訓練滿三年及格可以考「內科專科醫師」，接下

來再兩年的「次專科」（心臟、腎臟、胸腔、肝膽消化、感染、風濕免疫、新陳代謝及內分泌、腫瘤、血液科）研究員訓練，如果及格則可以去考「次專科」證照。所以國內各大醫院，內科住院醫師五年訓練期間都是要值班的。

星期天或假日，非醫師的行業可以陪家人外出郊遊或活動，而醫學系畢業生走入臨床，卻是要在醫院裡值班。住院醫師須按班表排定的日期到醫院去值班，如果值班日子遇到棘手的病情，不但白天奔忙，到了晚上還會「一夜未眠」，直到隔天的早上交完班，仍是星期一的八點鐘，繼續上班忙碌於病人的照顧，雖是備極辛勞也要無怨無悔。

在當時的制度裡，住院醫師週間日值一次夜班，再加上白天上班，可以看到五次護理師的交班。

自從擔任住院醫師後，便一頭栽進職場裡。直到被臺安醫院選為年度優良住院醫師後，對自己的醫療服務信心大增。因為我喜歡工作、喜愛服務，單純的讀書及考試我真的不是表現的很出色。

由於是公費生的緣故，我更珍惜把握每一天訓練的機會。因為我擔心醫院不願意再訓練我（事實上這個顧慮點是實際存在的），也擔心法務部的政策改變即刻徵召服務，還有妻子風濕性心臟病所帶來的家庭威脅。我深信威脅感或朝不保夕的危機感，會讓人的腦筋比較清楚，能秉持謙卑、珍惜得來不易的工作機會。我也常戲稱，或許負面的因子偶爾也會產生出正面的效果來。

住院醫師的學徒生涯，值班照顧病人是天經地義的事情。除此之外，還要讀書查閱醫學文獻吸收新的知識，學得新醫學技術與

病人的治療。報告病人的案例討論會（特殊案例、病理——影像聯合討論會、內科——外科聯合討論會、死亡／併發症討論會等等……）、書報討論（seminar）、主持晨會、教實習醫學生等等。此外還要準備我自己在住院醫師第三年時的內科專科醫師考試及第五年時的胸腔次專科醫師考試。

2001 年 7 月起，我進到胸腔內科當總醫師以後，更是全心全力投入訓練與學習。剛開始當胸腔科的臨床研究員（fellow1；也就是住院醫師的第四年，R4）[16] 時，我只是把醫學研究定位在回饋胸腔科，並不是為了自己的未來發展或是興趣。但是後來一頭栽進去後居然喜歡上它，並且廢寢忘食，樂在其中！在同時期，比起我的同儕，我的醫學研究涉入最早，也投入最多時間。從文獻的回顧、整理資料、寫計畫書、利用醫療公務之餘或下班後的時間，或假日到實驗室做實驗、整理數據、寫文章、投稿，完全都是用時間一一堆砌出來的。

2003 年 7 月 1 日，我晉升為主治醫師，粗略估計一下，住院醫師值班五百多個班，光是準備考試讀書及在實驗室做醫學研究，即多達四百多個夜晚。由於讀書及做實驗逾時太晚，我就跑到實習醫師的大通舖過夜，節省交通上的時間。直至 2004 年 2 月止，五年半下來，我在林口台地已經度過了 1001 個夜晚。

/ 法務部徵召服務 /

1998 年春天，時任法務部長的馬英九先生[17]以開明的作風，裁示法務部公費生可以先進行臨床的醫學專科訓練（即是住院醫師），待取得專科醫師證照後，再回法務部履約服務 5 年。此政策使得原本懸而未決的公費生訓練問題，總算有了定案。

「法務部公費生」可以選擇內科或家庭醫學科，未來去監獄提供看病服務；走精神科未來則可以去戒治所服務；抑或病理科走解剖病理去當法醫師來服務；同時也容許在這個範圍內，可以去找尋自己志趣的專科來訓練。因此我在 1998 年 7 月份臺安醫院一年期的契約滿期後，即轉往林口長庚醫學中心繼續內科住院醫師訓練，我再從第一年住院醫師做起。

到了 2003 年秋天，法務部所屬公費生的專科醫師訓練陸續完成了，法務部也開始進行徵召公費生回部履行服務的義務。每個人可以選擇到合適的單位，比如到檢察司擔任法醫師或至矯正司擔任監獄醫師，履行 5 年的公費生服務契約。這期間，當然有一些協調

溝通的行為在法務部與公費生間在進行著。由於過去成大醫學院的法務部公費生學長們，在畢業時都選擇賠償公費沒有去履約服務，所以無先例可循，故而在我們這一群被扣留畢業證書的三屆10個人，不免有觀望之情。因此，在醫院裡不論是臨床或學術研究，也一心一意、如火如荼的進行著。

所謂人算不如天算，計畫永遠趕不上變化。2003年11月法務部公費服務的徵召函到醫院了，服務履約在即，我為了安排公費服務地點及相關事宜，花了一些時間去思考與安頓。公費服務前，當時我在林口長庚醫院，有一些臨床服務的病人需要照顧與研究計畫正在進行。因此一些臨床服務、住院病人及門診病人我都做了妥善的安排，而研究計畫則轉手給其他的同事繼續負責。

由於我學的是內科專科，比較適合去監獄等矯正機關為人看診服務。經過我表達願意到基隆看守所或台北監獄擇一來服務，在法務部的人事處安排下，2003年12月初，我前往這兩個單位去拜訪與評估服務事宜。一天之中，拜訪了位在基隆市的基隆看守所陳金瑞所長，以及位在桃園龜山鄉的台北監獄鄭安雄典獄長，兩位都是國內傑出聞名的獄政長官。最終基於地緣上的考量，我向人事處呈報選擇基隆看守所服務。

少數的公費生如我，已經在選擇履約服務的單位，準備去服務了；但是另外也「耳聞」，法務部已著手研擬公費生改以「兼職」（part-time）的方式來履約的相關法規，只是用兼職的方式履約，其服務年限必需按照實際服務的工作時間予以延長。但它的好處就是，可以保有在大醫院的職缺或仍能在坊間繼續開業，只不過直到

馬部長您好：

　　我們是一群在成大醫學院就讀的法務部公費生，上次與部長匆匆的餐敘，時間實在太短，有很多問題都未與部長討論，但部長能撥空與我們餐敘，表示部長也很關心我們的問題，相信部長也了解法醫的工作環境極差，所以才會沒有人想走法醫這一行業，雖待遇提高，我相信也不會有太多人想走這一行，首先我們先聲明，我們有意願想把合約上服務五年的年限服務完，但是我們入學所簽的同意書是法務部法醫及監所醫師培訓計畫，我們想問清楚我們是否有機會到監所當監所醫師。另外我們當初簽的合約是五年培訓計畫，現在要延長為八年(含病理法醫師訓練計畫)，這是否有值得商権的地方，第一病理法醫師訓練計畫，非我們共同所希望走的科，因為我們只是五年公費生，不是終生的公費生，所以我們服務完，我們有我們想的路，所以若硬性規定我們走病理科，我想於情，於理，於法都不合。所以我們希望能自己選自己想走的科，之後再去服務，若是因為法醫需要有病理基礎，而硬要我們走病理科，我想服務年限應該要縮短，將八年改為六年較為合理，希望部長能了解我們的心聲，也希望部長能派官員來學校或我們到北部去商談這些事。

　　祝：鈞　安

　　　　　　　　　　　　　　　　　　　　　　林啓嵐

2004 年 3 月 1 日，在我正式回部履行公約服務的時候，這兼職履約方案的相關法規迄未出爐。[18]

　　因而離開長庚醫院之際，我只得不捨地道別我的病人、同事與

長官們。記得當時，有些病人說要跟著我走，要跟著我到下一個服務醫院讓我繼續治療，我只好無奈地告訴他（她）們，因為我是公費生，真的對你們很抱歉，我即將要回去法務部所屬的「監獄、看守所」去服務 5 年，它是沒有對外開放或照顧一般社會上的病人。我並安慰他們，已經安排非常優秀的胸腔科醫師接手，請你們安心待在長庚醫院繼續治療。

當時我照顧的病人屬性上大部分是罹患肺癌並接受化療中，心知即使公費服務完畢再回到長庚醫院來服務，以當時肺癌 5 年的存活率，似乎這一別便是永遠的道別。每每回想到當時要離開信賴我的病人及要離開我所關心的這群病人，這一幕，至今仍是職場上最令我淚崩的往事。

NOTES 註釋：

1　R1（resident year 1）：R1 即「住院醫師第一年」（resident year 1）；同理 R2 為住院醫師第二年，R3 為第三年。R4 及 R5 係住院醫師第四及五年，在內科為次專科訓練（如前文的註 1）。

2　接班摘要（on-service note）：書寫「接班摘要」表示自己要上工接手開始照顧病人。接班摘要主要記錄病人的重要診斷、主要治療經過、主要問題及治療上之注意事項等。以提醒自己或值班醫師對該位病人

的照顧重點。

3　COPD/Asthma：COPD 係指慢性阻塞性肺病（chronic obstructive pulmonary disease）；Asthma 係指氣喘，都是臨床上常見的慢性呼吸道疾病。

4　住院醫師：內科住院醫師訓練期間總共為五年，分成兩個階段完成訓練。第一階段為第一至第三年住院醫師，接受內科基本訓練（到各個次專科去輪流訓練）。第二階段為第四年及第五年住院醫師接受次專科訓練（只固定在某一個內科次專科訓練，內科次專科有心臟科、胸腔科、腎臟科、肝膽消化內科、感染科、腫瘤科、血液科、新陳代謝及內分泌科、風濕免疫科等等）。除在各次專科部門從事臨床工作及研究外，並參與其科內行政及教學工作。

5　頸部僵硬（neck stiffiness）：屬於一種神經症狀，表示存在腦膜刺激。

6　腰椎穿刺（Lumbar puncture）：係一種將長針插入脊椎腔的診斷醫學手段。其目的是獲取腦脊液，以用於診斷性試驗。腰椎穿刺的主要是為了診斷包括腦和脊椎在內的中樞神經系統的疾病，例如腦膜炎和蛛網膜下腔出血。

7　腦疝現象（brain herniation）：腦疝就是當顱腔內某一腔室中有佔位性病變時，該腔的壓力大於鄰近分腔壓力，腦組織會向低壓區移位，壓迫到其他腦組織、血管及神經，有時會被擠入硬腦膜的間隙或孔道中，引起嚴重的臨床表現。

8　腦室出血（intraventricular hemorrhage；IVH）：一般認為原發性腦室內出血最常見的病因是脈絡叢動脈瘤及腦動靜脈畸形，高血壓及頸動脈閉塞、毛毛樣腦血管疾病（Moya Moya Disease）也是常見的病因。

9　內科次專科：包括心臟科、胸腔科、腎臟科、肝膽消化內科、感染科、腫瘤科、血液科、新陳代謝及內分泌科、風濕免疫科等等。

10　郭漢彬：醫師及學者，國內胸腔醫學領域權威。臺北醫學大學醫學系畢、英國倫敦大學 National Heart & Lung Institute 博士，2018 年春出任臺北醫學大學醫學院院長。

11　SARS（severe acute respiratory syndrome）：「嚴重急性呼吸道症候群」其病原體係為一種新的冠狀病毒 -SARS 病毒所引起。於 2002 年在中

國廣東順德率先爆發，並擴散至全球的一次全球性傳染病疫潮，直至 2003 年 7 月 16 日，疫情被逐漸控制，至同年 9 月 2 日完全消滅。

12 依世界衛生組織於 2003 年 5 月 1 日修訂「嚴重急性呼吸道症候群」的病例定義。

13 PCR：聚合酶連鎖反應（Polymerase chain reaction）是一種在生物體外進行的分子生物學技術，用於擴增特定的 DNA 片段。可以應用來診斷 HIV、SARS 或其他感染症的致病病源。

14 疾病管制局（Centers for Disease Control）：1999 年 7 月 1 日，政府將行政院衛生署防疫處、行政院衛生署預防醫學研究所、行政院衛生署檢疫總所合併成立「行政院衛生署疾病管制局」。2013 年 7 月 23 日，隨行政院衛生署改組升格為衛生福利部，疾病管制局改組為「衛生福利部疾病管制署」。

15 P100 口罩： NIOSH 將口罩的標準分別三大類，N、R、P 其各代表防護對象，N 為非油性顆粒，R、P 則為油性顆粒，但 R 級的防護油性顆粒效僅能八小時，而 P 級無此限制。這三大類各有 3 種過濾效能的標準 95（95％）、99（99％）、100（99.97％），因此共九種口罩。由於生物性微粒多屬非油性顆粒，因此使用 N 級即可。而 N95 級即表示可防護非油性顆粒過濾效能為 95％，而 N95 是所有認證等級中最基本的一個等級。所以，能過濾油性和非油性顆粒的 P 級口罩，如其過濾能力達 99.97％以上的則標記 P100。

16 臨床研究員：住院醫師的第四年（R4）有時也稱為臨床研究員（fellow）。住院醫師第四年叫做 fellow 1；住院醫師第五年叫做 fellow 2。

17 馬英九：1993 年 02 月 27 日 - 1996 年 06 月 10 日擔任法務部部長。

18 法務部公費生兼職履約方案：中華民國 93 年 8 月 12 日法務部函（法人字第 09313026531 號），法務部頒定公費生可以自由選擇用專職或兼職的方式來履行服務公約辦法。

CHAPTER

03

公費服務擔任監獄醫師

蜂蜜與荊棘都已經陳列在前方等著我的旅程前往；
在渡口接應我的天使與隘口狙擊的魔鬼都已經俱在前方！

/ 是獄醫，不是御醫 /

2004 年 3 月起，因為法務部公費生的履約服務，我在沒有受到全民健康保險福利的監獄區塊，在脫癮者、狡黠者、撒謊者、低社經階層的人中，為他們生命的尊嚴與安危作戰。因為醫療上的基本人權或每個人保有健康的願望，絕不會因為收容人的身分而被打折的。

社會上稱監獄及看守所受管制的受刑人、受強制工作處分及流氓感訓處分人、受感化教育學生、被告、被管收、被留置者、收容的少年、戒治所收容的人、受觀察勒戒的人等身分的人為「收容人」。按 2004 年當時國家法令之規定，收容人在執刑超過 2 個月後，即失去全民健保的身分，又因其為受管制之人，所以其健康、生計問題由國家來承攬。

前法務部矯正司黃司長徵男曾經說過：「矯正工作數十年來不斷革新與進步，醫療衛生業務仍是最脆弱的一環，也最感無奈。監所人員每天面對無數要求就診之收容人，在醫師嚴重不足的情況

下，難以應付實際需要，感到非常棘手，唯恐照顧不周，引起誤解，且屢有抗議延誤送醫或發生醫療糾紛等情事。」[1]。

緣於部分收容人在社會上，本來就居無定所或是不想曝露其身分，沒有加入全民健保；或是入監獄已超過 2 個月，就失去全民健保的身分。所以，全國有 5、6 萬收容人的健康生命安全，全數落在法務部身上。到了 2004 年，不論是觀察勒戒或是受刑人等收容人，都沒有享受到全民健保的福利或恩惠。

近年來法務部各監獄的圍牆是變矮了許多，路人的目光足以看到裡面，甚至由鄰近建築物的制高點窺視到裡面收容人的活動。但收容人終究是受到司法管束的對象，即使是看病也需要一定的程序，司法嚴謹那一道無形的牆，仍是高聳不可逾越的。

法律雖是勿枉勿縱，保護好人處罰壞人，但是在醫療不足、又有急症發生時，無疑是生命安全與時間相互拉鋸的艱苦時刻。這是監獄醫師難為之處，也是司法困境之處。

2004 年 3 月公費生服務起，我就在監獄擔任專任醫師了。所幸過去接受醫學中心專科醫師的訓練，臨床上見過各種疾病的處置，故而在當前監獄醫療的時空背景之下，不無多了幾分的思考與使命感。

醫界一向有著積極努力、善守生命尊嚴及為人解決痛苦的核心價值。如果只想當一個保守的公務員，墨守成規日復一日，況且身為一個醫者，絕對是對社會、對人民不負責任的行為。但是如果想要有所改變，那適當的環境又在那裡？何時才能稱之有個可萌芽的適宜環境？

我進入監獄服務後才發現，一些曾經是社會注目的重大刑案事件或之後成為司法審判案件的主角（當事人），今天卻成了我的病人，來到我的診療室訴說著他的不適與症狀。幫他們看完病後，才恍然得知原來他們竟是之前媒體報導中，受到社會矚目重大刑案的當事人！醫者只能以平常心，呼叫他們的編號前來看病，法律是公正平等的，而收容人的醫療人權與社會大眾也是同樣平等。

　　仔細問診其症狀（symptoms）及詳細檢查他們身體上的徵象（signs）後，這些令社會頭痛或難擺平的要角，在取得醫療信賴與健康信心之時，竟也如一隻羔羊般順服於醫師。事實上，幫這些人看病並非全無危險，看診全程都需有戒護人員在一旁做保全工作。但醫者溫暖的心與勇敢伸出去的雙手，一心專注於收容人的身體健康與安全，竟也奇蹟式的填平人類世間的曲折凹陷，我想這才是真正的「白袍光輝」。

　　當我開始公費服務的旅程，從醫學中心醫師轉戰法務部的監獄體系做醫療服務，心中有著很大的落差感。然而，在監獄醫師服務的旅程中，最能補償回饋給我的成就感就是它沒有財團醫院經營的業績壓力，一切回歸到最原始的醫生與病患之間的醫療行為。

　　沒有絢爛的先進的儀器或噱頭式的檢查項目，只單純用詳細的病史詢問（history taking）及用雙手做身體診察（physical examination）──以「望聞問切」來為收容人看診，只有收容人全然的信賴及醫者給予他們健康的保障，幫助他們渡過人生的黑暗期，迎向更新生命的未來。我能做到的，就是期望他們在這段受法律矯正的期間，不會發生任何生命意外或面臨健康上危機。

這完全沒有財團醫院醫師業績報表或社會知名度的考量，純粹是醫者為監獄收容人的健康所進行的醫療把關，但您也絕對無法在網路上掛到我的門診。

作者正在監獄門診診視病人。

/ 最基本最原始的看病技巧 /

21 世紀初，時代已經進步到人類後基因解碼、蛋白質體、轉譯醫學、奈米科技、分子生物的時期了。醫學上大量地運用電腦資訊、網際網路、大數據，影像醫學除了大家所熟知的電腦斷層、核磁共振之外，更有正子攝影掃瞄、3D 超音波掃瞄等等；開刀使用內視鏡做顯微手術，或達文西機械手臂都已經不是新聞了。

但是醫學上，治療病情仍舊是一個「融合藝術非純科學」的學問，且機械人或是電腦人工智慧仍然無法全部取代醫師來診斷疾病。也因為如此，醫學生在醫預科時期乃至於其後的基礎醫學、臨床醫學的涵養都強調這個基本素養，期盼能為社會培養術德兼備的臨床醫師。

記得在住院醫師臨床服務的時候，老師或前輩們仍舊非常重視醫師為人診療疾病的基本態度與技巧。老師們會說：「即使身處在偏遠極地或是窮鄉僻壤之地，仍能靠自己的雙手和一支聽診器就能為人看病及服務。」因為任何其他先進的儀器檢查或抽血，都比不

上醫師的一雙手和一支聽診器來得有效。反覆地去評估病人臨床症狀的出現、症狀之變化，自然而然地鑑別診斷的排行榜就會排列出來。

雖然「症狀」是由諸多的細胞、分子、生化、生理、病理過程所組合出來的，但是診察病人時看到的是綜合出來的症狀。臨床上，我總是藉由前輩、師長傳授給我們的看病技巧來做完整性的評估，進而推斷出病人的臨床診斷來。

和信醫院黃達夫院長揭示我們「用心聆聽」病人所陳述的內容[2]，且用心體察病人身心之苦與不適之處，要慎重其事，絕對不能稀鬆平常的帶過去。

長庚醫學院院長方基存教授在教育住院醫師時說：「每天查房診視住院病人，要將他們當成是全新的病人來看待，從病人的主訴及症狀來檢討我們昨天給的診斷是否正確？治療是否恰當？」又說：「假如這樣的診斷是正確的，那比起昨天的病情有進步嗎？」

長庚醫院廖運範院士[3]，教育後輩的醫師必須要「不厭其煩」地、細心審慎地去為病人做病史的詢問及身體診察。即使是非典型的疾病表現及一些邊緣性症狀或症狀不明顯的疾病，也照樣可以迎刃而解。

另外，對於已知疾病和一些醫學新知、醫療時事要與時俱進地去了解，如此在診治疾病時才可以大大地增加判斷的準確性。即使遇到監獄醫療或法庭上的法醫證據採集時，或是遇有詐病、偽病或是設計規劃過的刑事案件的場合，它仍是排除一些不可能疾病的利器，讓這些不合醫學邏輯的裝病、謊言、被計畫的刑事案情現形。

從來到監獄擔任醫師後，無法立即馬上進行抽血驗血球、透過生化的醫檢部門來協助判斷病情，更遑論 X 光機這等設備了，只能靠雙手、一支聽診器和一台老舊的 EKG（心電圖儀）。監獄看守所的一道高牆阻隔了與外界的訊息、聯絡、醫療，收容人是被羈押、沒有自由的，甚至是在「羈押禁見」[4] 的狀態，複雜的病情要戒護外醫出去到坊間合作的醫院看病或掛急診，都有一定門檻與規範。

我這個監獄醫師不但業務變多，而且責任也變重了。我有送「戒護外醫」[5] 的建議權，但是也要為不必要的戒護外醫把關，既要穩定囚情，更要保護收容人的生命安全。

故而當時的我，集中精神與心力在（收容人）病人的問診與身體診察上面，對於症狀／徵象（symptoms/signs）評估上的敏感度與特異度要恰到好處。因為身處這樣的封閉式環境下的特殊醫療體制，診斷上的不足或過度都是挺麻煩的。對於不是急症、重症、需要特別醫學專科，或是需要特殊醫療設備的病人，一律在監獄的醫務室內進行治療。

由於戒護醫療在監獄外的收容人，都有可能發生脫逃、劫囚、串供或任何產生安全顧慮等事情，戒護就醫或戒護住院都必須要有合適的情況與正當的理由，並且它所產生的人力負擔、戒護安全上的風險都要納入考量。所以，我負責的基隆看守所醫務室所提供的醫療，必須是紮實的、安全的、讓收容人們安心和接受的，並且也是機關內同仁們勤務能力所能負擔的。

在這個時期所努力的，都是以增進收容人的生命安全與健康、穩定囚情、幫助戒護科的戒護工作為重心。

記得曾發生某舍房內兩個收容人因細故而打起架來，其中體格較小的那個人在被毆打後，被主管帶到我的診間來。他身上多處擦挫傷經過消毒擦藥後都不是問題，臉部及嘴角撕裂傷經過縫合也很簡單，比較麻煩的是右下胸部遭到室友的膝蓋踢撞，經身體診察顯示有肋骨斷裂的跡象。

　　因為在他右下胸乳頭外側，大約第 7、8 肋骨間，有一個按壓疼痛及肋骨按壓凹陷的區域，應為肋骨斷裂。當時該收容人神智清楚，呼吸 22 下／分鐘，心跳 89 下／分鐘，指尖、嘴唇紅潤，指尖血氧飽和度（SpO2）99％ [6]。聽診時雙側肺野呼吸聲音清晰及相等的，初步排除氣胸的狀況。

　　我先給他止痛藥並緩和他緊張的情緒，接著安排戒護外醫到區域醫院照胸部 X 光，確定肋骨骨折的支數及部位，以及排除因肋骨骨折刺破血管所造成血胸。稍晚在區域醫院照胸部 X 光傳回來，確定第 7、第 8 肋骨骨折，但是沒有氣胸或血胸 [7]。之後，在住病舍的幾天中，主管每天帶他來給我治療胸痛症狀及評估雙側肺野呼吸聲音，並確定他也沒有後續發生的氣胸或血胸，才算鬆了一口氣。

　　有一回，有位中年男性的收容人到醫務室來看診，該收容人告訴我右上腹部疼痛，我請他描述一下肚子痛的狀況。他說持續一天多的時間，出現肚子痛、食慾差、吐了一次淡黃色的消化液，倒沒有拉肚子。起初聽起來，蠻像急性腸胃炎。

　　量體溫有發燒 38.4℃，我診視他沒有黃膽，聽診起來腸音低張（hypoactive）。接著請他躺在診療床上，雙腳膝蓋打彎拱起來，按壓時肚子是軟的，肚臍周圍無壓痛感。但是在右側季肋下按壓疼

痛，尤其是吸氣時候有更痛的 Murphy's sign（墨菲氏徵象）[8]，合併按壓的反彈痛（rebounding pain）[9]。

我懷疑這是急性膽囊炎，所以即刻寫轉診單戒護外醫去地區醫院掛急診。稍後，傳回來所方的訊息，超音波證實為急性膽囊炎合併白血球過高，需要住院治療。幾天後，外科醫師為他進行膽囊切除手術，之後出院返回基隆看守所，接受該有的矯正刑期。

回基隆所後的幾天，該收容人打報告要評估術後的傷口。看起來傷口癒合良好且飲食也正常，臨走前跪下來感激我明快的處理，讓他很快地戒護外醫接受手術治療，使他免於一場災難，保住健康。我即刻請戒護的主管一起來安撫他，畢竟他尚在接受羈押矯正中，沒人知道他是真的感激，或是狡黠多詐的手腕？我一方面趕緊扶他起身，一方面說道：「我是公務員，一律秉公處理公事。」

我認為醫師無論在何時何地，一定要遵守公正、迅速的方式處理病人的健康問題，善盡職責與本分。遇到有急迫性的醫療問題，一定不能「拖到太陽下山」，需在太陽下山前將它處理完畢。況且為病人解除疾病或痛苦，原本就是醫師的天職，而非恩惠。

從看病人如何走進診間、走到醫師的面前，他的神情、態度、氣色、衣著，以及他講的第一句話、聲音、氣息、談吐、注意力，還有言語表達的內容與倫次、文化水平等等，都在醫師的評估範圍之內。這會架構到接下來他主訴的症狀（symptoms），與檢查所見的體徵（signs）。學醫的專業人士都知道，醫師在評估病人的病史及身體診察，是有一套專門的程序或步驟。從以前學看病，除了學院的經典案例之外，還有一些判斷的小技巧。例如：

- 耳垂肥厚表血中膽固醇較高。
- 耳垂折線（Frank's sign）表冠狀動脈心臟病。
- 腳跟阿基里斯腱（Achilles tendon）肥厚表血中膽固醇較高。
- 指甲面有凹窩或是裂痕為乾癬病。
- 雙臉頰紅疹是紅斑性狼瘡。
- 戴大眼鏡保濕的人有乾燥症。
- 眼睛 Kayser-Fleischer rings（凱式環）表示是威爾森氏症（Wilson's Disease）。
- 頸靜脈鼓脹表心臟無力。
- 顳部或額部靜脈血管鼓脹表心臟無力。
- 男性女乳表肝硬化、肥胖或男性賀爾蒙異常。

還有更多……

另外，在醫學檢驗不很發達的時代，傳統的醫生也善用他們的嗅覺或視覺，來做為輔助診斷的依據。例如：

- 嘴巴有 Ammonia 或尿騷味道暗示是尿毒症的病人。
- 呼吸有水果的芳香味道是糖尿病人酮酸中毒。
- 口氣帶酸餿味表消化系統不佳；腐臭味表口腔疾病；爛蘋果味道表糖尿病；魚腥味表口腔出血、蛀牙、肺結核或肺癌。
- 痰呈綠黃色及特殊氣味表示是綠膿桿菌肺炎。
- 鐵鏽色的痰表示鏈球菌肺炎。
- 粉紅色泡沫痰表示心衰竭肺積水。

- 茶紅色尿表示膽道阻塞或肝臟細胞發炎。
- 陶土灰白色大便表示膽道阻塞。
- 無痛的血尿是泌尿道腫瘤。
- 腰痛合併血尿是泌尿道結石或感染。
- 糖尿病足（DM foot）傷口如有特殊臭味，表示有厭氧菌的感染。
- 狐臭的人大多濕耳。

　　以上都只是整體病史詢問或是身體診察的一小部分，不是診斷疾病的主體，只是在強調醫生必須要有好的觀察力與細心度。我深以為一位優良的醫師，也會是一位高明的「相師」，因為需要對人的觀察深入細微。

　　我最 Enjoy（喜愛）監獄醫療的是，它沒有財團醫院的業績報表壓力，或與藥商間的藥物價差、關說在作祟，一切回歸到最純樸的醫療行為。沒有酷炫的先進儀器或噱頭式的檢查項目，只有單純用病人的病史及身體診檢來為收容人們看病。沒有其他利益干擾，更不可能因此有名氣。

　　監獄醫師用專業倫理、無私與良知，善盡職責維護收容人的健康與心靈上的穩定，而能夠被信賴、被寄託，如此獲得的感謝與敬重更顯真誠。我由衷的希望能幫助他們渡過人生的黑暗期，來日有迎向更新生命的一天。

/ 監獄收容人多病 /

2013 年我國才將監獄的收容人納入全民健康保險，在此之前，全數仰賴法務部的特殊醫療體制來提供與滿足，備極辛苦。這些不在全民健康保險納保範圍的收容人，卻是不折不扣地更是需要醫療照顧的一群人。

收容人來自於五湖四海，長期奔波忙碌、過度使用身體與漠視健康問題，在族群文化與生活方式上，即使是精壯年齡層，縱使有虎背熊腰的體格，本質上仍是不健康的。又根據法務部的統計，每年全國新收入監獄的收容人中，直接因《毒品危害防治條例》入監所的收容人，在 2007 年佔 28.8％；2006 年佔 33.0％；2005 年佔 33.1％，都佔三分之一左右。但若加上隱因或以其他罪名入監且併有毒品使用者，其比率將超過 50％。

因著超過一半的收容人有毒品或管制藥品濫用的背景或歷史，在族群屬性上，普遍對健康知識不足，外加對疾病的錯誤資訊，經常使他們沒有常軌的疾病預防、健康飲食控制、生活調理、養生保

健觀念。文化上他們講義氣、容易衝動或動怒、好圖騰刺青、喜歡講行話或隱語的風格、偏執軸向的人生觀與想法、有的人性格上是社會邊緣人甚至是反社會人格的、喜歡帶有肢體語言的表現方式、常用身體或健康問題突兀自我。

加上他們不重視健康、多病、喜歡吃藥、飲食及睡眠也因為居無定所而不穩定，使得他們的平均餘命[10]較社會一般人要短。

不容諱言，社會低經濟階層、犯罪、疾病不健康，三者之間有著相互連動影響的關係。根據 2004 到 2007 年間的北台灣某大型監獄，粗略估計週間日平均每天仍然有 10 到 15% 的收容人「打報告」[11]申請要看病。如此龐大的看診比率，莫不造成原本就醫療不足的衛生科更形捉襟見肘，這種情形在看守所經常比監獄來得嚴重些。一方面是他們剛從遼闊的五湖四海新收入看守所，經常帶著疲累的身心進來，甚至是帶病入所；另外有的則是對身繫的法律問題或刑責處於擔憂與低潮狀態，除了情緒低落外，偏執的收容人甚至會企圖用健康或生命來抗拒司法。所以，監獄醫師實在難為！

依法務部統計數據：2007 年收容人看診 102 萬 6,897 人次；2006 年收容人看診 99 萬 4,120 人次。用 2007 年統計數據計算，平均每一位收容人每年看診 17.5 次，而中央健保局（署）統計社會上一般的國人在 2007 年平均看診是 14.3 次。又監獄的收容人族群含有多數的青中壯年人，並不是社會上健保局（署）所承擔的國人健康問題中的一大部分是嬰幼兒、老年人、慢性病、癌症、洗腎、器官移植、免疫不全等等的族群。因此之故，彼此之間不能僅看數字上面的 17.5 對 14.3 次，只差 3.2 次，尚需看他們族群的特性、

年齡分布和潛在的問題。

　　就我公費服務當監獄醫師期間的所見與所知，收容人族群本來就是比較不健康、比較多病，看診頻率特別高；再加上該族群抽菸喝酒、使用毒品者比例偏高，在身體與心理上本就不是一個健康的族群。他們體質上對抽菸、酒精、毒品的親和力比普通民眾強很多，一旦收押入監後所產生的戒斷症狀、失眠、憂鬱低潮很多，甚至找機會自殺的也有，亟須要醫療介入。

　　另外偶爾是詐病、偽病之流，藉此謀取特殊待遇。他們也有一些是想評估一下醫師的看病能力，試探有沒有什麼機會可以趁機藉故，或藉由程序來製造脫逃的機會。經常遇到的是，在監獄內不論是待審或服刑中，反正無聊打報告出來看看護理師和醫生、散步走走也好的也有，令人啼笑皆非。也有不少收容人找醫生開安眠藥或抗組織胺[12]，吃了比較好睡或會「茫」的。

　　收容人族群也有一定比率心態或是精神狀態迥異於一般社會大眾，有些是社會邊緣人、自閉、反社會人格，甚至是精神病患，亟須醫療積極介入。收容人們有喜歡屯積藥品的習慣，來自五湖四海的他們也不乏「魔術師」級水準的人，舍房主管明明親眼看他們把藥吃下去了，但是他們就是有本事把藥吞到口袋裡去存起來，非常令人頭痛，這時候只能藉由舍房安全突擊檢查把它們清出來，以維囚情安定。

　　收容人看病次數比社會上的民眾多很多，實際上他們生病也比社會上的同年齡層多出許多。所以說，監獄的收容人「厚病」[13]！

/ 詐病 /

以往，在醫院為病人看診服務，「詐病」（Malingering）[14]只是後面墊底的鑑別診斷（differential diagnosis）項目[15]。但在監獄狹點的環境中，它在鑑別診斷的排行榜裡則是往前挪動了許多，並挑戰著整個社會、醫療與司法。

行將赴監獄做公費生服務，幫收容人看病之前，身邊醫療圈內及圈外曾經在監獄內服務過的醫療人員告訴我，收容人很會偽裝生病，目的是藉以脫罪或到外面透透氣。許多善良的醫師們丈二金剛摸不著邊，信以為真地被他們騙了，而使他們達到可以獲得特殊待遇（如待在病舍、免除勞務或正常作息）、到外面蹓蹓散心（戒護外醫），或製造一個可以規避司法制裁，甚至脫逃的目的。

過去，我曾受過正規且嚴謹的內科專科醫師訓練，在取得內科專科醫師後，2001 年就開始在長庚醫院開門診服務病人。不論是院內看會診、查房或門診，都是卯足了勁，專心以對並聆聽病人陳述，期能為他們找到正確的診斷與提供適合的治療，以解除其病痛之苦。

但到公費服務後，服務的病人群則為刑事訴訟或司法纏身的收容人，有一定比例的人會無所不用其極，甚至用生命來抗拒司法的非理智的行為；例如：吞電池、吞硬幣等物質、自殘、自己製造出疾病等等。

身為醫師的我，其一是在防範這種干擾司法、混淆社會正義的行為發生。其二是一旦發生了，如何運用健全的醫療來保障這些脫序行為所帶來的人命損傷。其三則是在這樣頻繁挑戰公權力之下，我的醫療要怎樣做，才能樹立醫療與司法的威信外，又不失其憐憫愛人的本質。其四是過濾及認出詐病或偽病的情況，以減少戒護事故的發生及減少戒護人力的奔波與徒勞。

從我入基隆看守所擔任專任醫師後，就努力教育及改變所內舍房主管和管理員的刻板印象。今天如果真遇到的是急症，但仍堅持他們是在裝病，那麼將可能出現無法彌補的大事件。如何建立他們能正面地去看待收容人的疾病，不要一味地被「放羊的小孩」騙久了而失去信心，如此才能做到當收容人真正有疾病或甚至是緊急的病症發生時，快速地診治及處理；倘若需要戒護外醫，才能及時啟動救護機制，以保障這些身繫囹圄的收容人之生命安全。

另外，我所主持的醫務室，在醫療上必須比這些狡猾者更清楚疾病的內容、疾病的發生，與病程、治療、併發症、嚴重性和疾病在地域上的盛行率，深入且清楚的了解，並在可能與不可能之間做個清晰的判斷。尤其對詐病這種狡猾的行為，一開始就要給他們嚴正的揭穿，因為無論是收容人們或是監獄方面的同仁都在看，這位長庚醫院來的醫師到底有沒有料？本事到哪裡？如此試探並破功幾

次後，知道林醫師的診治能力是強勢的，當風聲傳開來後，收容人間清楚了解到這個醫療品質是不容許被挑戰的，他們自然就會按規矩行事，不敢再用惡劣的手法來矇混了。

如此一來，不只可以穩定囚情，也能提升並樹立監獄醫療的威信；對於有心改過向善的收容人，效能好的醫療則是使他們能於收容期間更加安心，感知自身的健康是受到保障的。

臨床上，我慣於觀察混沌或一時無法釐清的情況，耐心且細心審慎地由二到四、五個時間點來評估整個情況的走向，才能下診斷或修改治療方針。所以，詐病者在往後的第二、第三個時間點會有唐突或不合醫學邏輯的情況發生，非常容易被揭穿。

但是，我則是心存哀矜勿喜，揭發這種事端在於鞏固司法威信，保障其他收容人的健康與安全，才是醫師的目的與職責所在。過去曾有 3 個案例讓我印象深刻。

企圖與外面的關係人進行「串供」而詐病

某日，主管回報北舍房 147 號收容人出現精神恍惚、躁動不安的情況。在前往北舍房診視前，我抽取他先前入所的相關健康檢查資料表與醫務室病歷。得知本名為方○○，52 歲男性，身高 165 公分，體重 81 公斤，為經濟犯罪，目前收押禁見。在過往病史有痛風及糖尿病 7 年，高血脂及高血壓 10 年等新陳代謝症候群。過去三個多月吃所方醫務室開立的藥物，飯前血糖未曾超過 200mg/dl，血壓也算穩定。

我在到達北舍房時聽主管描述，這位 147 號收容人可以行走自如，我請房舍主管提帶他到舍房外的工作站來給我診視。我目視他步行前來，看他步態正常，初步診斷不太像是中風的樣子。我再問他的名籍番號、本名、出生年月日、身分證號碼、戶籍地、現在的時間及所在的地點及買東西找錢（JOMAC 檢測）[16]，來評估他的神智及判斷力。護士量度他的生命跡象是正常的，沒有發燒（體溫 36.9℃）、呼吸稍快為 22 下／分鐘，唯有血壓稍高 158/95 mmHg，心跳稍快 118 下／分鐘。問他哪裡不舒服？該收容人回答說：「想睡、累、嘴巴乾、頭暈、頭痛。」

　　我在做完完整的身體診察與神經學檢查後，只有舌頭黏膜乾、腋下皮膚乾呈現脫水現象，神經學檢查為完全正常，但是驗血糖則是高到血糖機破錶。驗不出來，只顯示「high」（過高）。稍後檢驗所傳回來報告血糖 863 mg/dL（80~130mg/dL）、酮酸是陰性反應（陰性為正常）、血液滲透壓稍高是 354 mOsm/L（275~295 mOsm/L）。看起來是血糖控制不佳的輕度「高滲透壓高血糖症」（HHS; hyperosmolar hyperglycemic syndrome）[17]。

　　在做完心電圖及尿液檢查後，我決定「在本所內治療」，隨即給予生理食鹽水及胰島素治療。情況很快地就改善了，不需要出去戒護住院。

　　透過醫療的關懷與詳談，調查血糖失控的原因時，當事人才說出實話。他說「近 3、4 天把血糖藥吐掉，並多吃高糖分的甜食與飲料」，以引發血糖過高、製造戒護外醫住院。最後警方偵查得知，該收押禁見的收容人試圖操弄血糖製造外醫住院，企圖和外面

的關係人進行「串供」。

消化道出血肛診見真章

某日的看診中，有一位 HIV 帶原的男性收容人主訴他從今早起床，去上廁所解出如頭髮般黑色大便兩次。我幫他做身體理學檢查，血壓 144/85 mmHg、心跳 83 下 / 分鐘、心跳沒有加速；嘴唇及手掌心紅潤不像貧血；腹部沒有壓痛的感覺。接著幫他做肛診檢查（digital examination），呈現肛門口黃色大便。此時見狀，該男性收容人就支吾其詞地跑回舍房去了。

幾天後，警方及檢察署經過祕密偵查傳來消息，得知因手段凶殘殺害多人而被羈押的該收容人，因為需要面對極重的刑責，想藉由「戒護住院」夥同其在醫院打工的親友，準備進行其逃獄計劃。P 法官特地來電嘉許我所提供精實有效能的醫療，並希望我能繼續保持。

謊報咳血想搞戒護住院，企圖劫囚事件

我剛到監獄服務的當月，初春的某個早上，在收容人的門診時間中，我突然被緊急通知，有位收容人因為「咳了好幾口鮮血」被送到中央台[18] 來。我即刻帶著聽診器前往中央台，途中囑咐司機待命、護士準備氧氣及復甦球（ambu bagging）。

到達中央台時，收容人手指頭血氧偵測器顯示血氧飽和度是（SpO2）99％；呼吸速率 18 下／分鐘；心跳 76 下／分鐘；無發燒，

他手上還拿著染血的衛生紙及手指頭沾有血跡。病人外表無異狀，問診得知過去半年無頭痛、無耳鳴症狀，過去沒有任何呼吸道疾病史或咳血經驗。身體診察結果雙側肺野的呼吸聲音清晰無囉音、無喘鳴聲及無痰音（no crackles, no wheeze, no rhonchi）[19]，頸部也無任何淋巴結腫大。

我請他再咳一口痰及擤鼻涕給我看，結果都是乾淨沒有血絲。按理說，來自下呼吸道的「咳血」，應該伴隨著呼吸聲音的異常，而且我再詳看他長袖遮住的左前臂內側有一道新的小傷口，接著問他傷口是怎麼來的？這時候他才講出實話，係用嘴巴吸吮割傷的流血傷口，是自行加工製造出來的咳血事件，企圖搞一個戒護住院的機會，到此才結束了一場鬧劇。

後來，檢警方面掌握情資才知道，該員係某幫派要角分子，想藉由詐病咳血搞戒護住院，並企圖從中進行劫囚脫逃的計劃。

所以一個有效能的監獄醫療不僅僅保護了收容人生命的安全，同時也樹立了官方的威信。之後，我也陸續遇過一些案例。有吞食電池的、有吞食玻璃片的、有吞食私藏安眠藥來製造神智不清的、有氣喘的收容人故意吸入過敏原製造氣喘急性發作的、有操弄包皮入珠引發感染的、也看過喝了大量咖啡造成心悸與換氣過度……，不一而足，全都一一被我識破並即時處理，收容人也安全無虞，只是令醫者啼笑皆非罷了！讓我深切地感覺這些收容人們，真的是不惜以生命安全來與司法博鬥。

自從我到監獄擔任專任醫師，不再容易矇混的消息傳開來以後，他們漸漸地收斂許多，也比較不敢再來造次，讓監獄安寧許多。

/ 全國監獄 HIV 大爆炸 /

在 2005 至 2007 年間，全國監獄收容人新增感染 HIV 個案數發生前所未有的大爆炸。

依照法務部統計數據，全國監獄收容人感染 HIV 的人數，在 2000 年以後逐年增加。在 2003 年底只有 70 人、2004 年底 419 人、2005 年底 1,742 人、2006 年底達到歷史新高達 2,763 人；2007 年底稍緩但仍有 2,180 人。在官方的衛教與美沙酮減害計畫（Harm reduction program）[20] 下，2007 年底稍見到減少的效果。

HIV 感染、或甚至是 AIDS，對矯正機關而言，都是戒護及管理上的壓力。2005 至 2007 年間，新收收容人們大量新增 HIV 感染個案，係因來自於他們入監獄前在社會期間，因注射海洛英過程中，共用針頭或使用了經 HIV 病毒污染的器具所致。

過去這些靜脈毒癮者中是 C 型肝炎或 B 型肝炎盛行，但在 HIV 盛行的時代，藉由這樣粗糙的施打過程，以致國內也步上美、歐、非洲各國的後塵，令 HIV 感染在靜脈毒癮者之間快速傳播開來，

尤其監獄的收容人更是嚴重。在 2005 下半年至 2006 上半年間，我服務的基隆看守所新收的收容人，HIV 抗體（ELISA）[21] 篩檢陽性率平均在 12％上下，需要將檢體進一步送疾病管制局做西方墨點（Western blot）[22] 檢查。實際上，如果加上檢查的空窗期，就不只這個數字了。

我在住院醫師時期，經常照顧 HIV 帶原者或是 AIDS 的病人，提供他們醫療上的照顧（primary care）、抽血、換傷口、打軟針、打中心靜脈導管、執行肋膜切片、治療肺結核、治療腦膜炎或肝膿瘍及 CPR（心肺復甦術）等等的治療。看到今天我服務的單位有這麼多的 HIV 帶原者，真的是令我瞠目結舌。

我不曾侷限自己不是感染科醫師，但卻也未曾想像過我的病人群中竟有高達 20 多個 HIV 帶原者。他們大約每隔 1 至 2 週都會因為種種身心上的問題，「打報告」要找「林醫師」看診或諮詢，諸如發燒、感冒、拉肚子、咳嗽、心情憂鬱、不想活了等等的問題，亟需醫療人員有耐心並適當介入疏導及追蹤記錄他們的情況。這其中一部分的資訊也可提供戒護科做管理上的參考，並藉以穩定囚情。

由於監獄內收容人 HIV 陽性的帶原者人數激增，當 CDC（疾病管制局）西方墨點檢驗陽性報告回來時，我都會在最短的時間內，調閱病歷、入監獄時體檢表及其他資料。用在看診時間之外、不緊迫的時間安排和他們面談，請舍房主管提帶收容人前來醫務室談話。

須知，被羈押的收容人有的是因為重刑、有的是因為受到檢察

官羈押禁見，是不自由的在被拘禁的時刻，我是他們唯一可以見到的醫師。因此，我在一開始就做正確及充分的說明引導，免去他們心中誤會、一知半解、出現情緒上的混亂或絕望。否則，在法律刑責上的壓力下，如果再加上粗糙的被告知檢測出 HIV 陽性的情況，容易有囚情不穩定，甚至危險的情事發生。

基於平常看診的健康關懷及衛教，本所收容人們都很樂意到「林醫師」的醫務室去面談。一次一位收容人，一個一個慢慢地去說明。以一級毒品案的「3172 號」收容人為例，面談時的狀況大致如下：

首先我會先問他們入所後的近況？「戒斷脫癮症狀好了嗎？」或問「上次看診的問題改善了嗎？」以此建立互動的基礎與信心。

接著我會對他說：「欸！你前幾天抽血送驗的結果傳回來所裡了，結果驗出你的『血清中有對抗 HIV 病毒的抗體』咧！」

接著 3172 號收容人會問我說：「醫官那你說的『血清裡有 HIV 抗體』是什麼意思？」

我回答他說：「也就是血液中 HIV 抗體呈陽性反應。」

3172 號收容人：「喔！」

我接著說：「而且也發現你的血液中存在有 HIV 病毒的蛋白質成分哩！」

3172 號收容人問：「那是說我有愛滋病嗎？」

我說：「不是這個意思！當 HIV 病毒造成免疫力低下，而且有併發症發生時才叫做愛滋病（AIDS）。」

3172 號收容人：「喔。」

我接著說：「能不能回想過去的兩年內，你在施打『四號仔』[23]時，有沒有跟人共用針頭，或注射器染污的情形？或有不安全的性行為？」

3172 號收容人：「我們通常都是幾個朋友一起用針打『四號仔』到血管，可能是這樣用了不乾淨的針筒。」

3172 號收容人接著問：「那我現在要緊不要緊？」

我回答：「那要看你的免疫力與往後的生活型態了。假如你出監所後仍繼續用毒、縱情於酒樂，過度耗損自己的身體，會導致免疫力下降速度比較快，那狀況就不太妙了。」

又說：「完全就看你自己囉！建議你出所以後戒毒戒菸酒，回歸正常生活。另外，所方依法務部的政策，每個月定期都有台北昆明院區的醫師來基隆所，看 HIV 帶原者的門診，除追蹤病情並開立抗病毒的藥物治療，跟社會上一般 HIV 帶原者的處置待遇完全一樣。」

3172 號收容人：「知道了。那在所期間請醫官多多關心我了！」

林醫師：「我會的！之後會在固定期間，我們會再抽血追蹤抗體的效價，和你體內的病毒量等等的檢查。」

3172 號收容人：「謝謝。」

林醫師：「因為你們不是醫療人員，很多事情不要憑空想像，或聽信別人的錯誤資訊，造成自己的誤解與煩惱。我是這監所唯一的醫師，當你們有任何的疑問，請告訴舍房主管及打報告申請來看

診，我在看完門診的時候，都願意跟你們面談，解答你們心中的困惑。」

爾後的幾天，他們多會聽到同舍房的「同學」[24] 對 HIV 陽性帶原者的歧視、貼標籤或誤解，很恐慌的來找我澄清。3172 號收容人來問我，愛滋病以後會很難看很「苔疬」嗎？也會問我是不是被判了另一個「死刑」呢？

我告訴他們：「完全不是這樣！外表跟正常人一樣，也絕非死刑！你們只是需要長期追蹤及服用抗病毒藥，你只是免疫力變得比正常人脆弱。」

「就像社會上 B 型、C 型肝炎的病人，你從外表上看得出來嗎？」我最後問他。

基於在實習醫師及住院醫師時期對 AIDS 病人照顧上累積的心得，因此在這個時候能駕輕就熟，非但不排斥也未感壓力。真的衷心企盼我能給他們些許助益，使他們能迥異於其他的收容人，有不一樣的路可以走。

雖然當時法務部正研擬 HIV 帶原收容人集中管理的辦法，但是由於 HIV 個案數增加實在太快了，加上看守所的收容人有出庭的問題，管理上相當複雜。當時我向陳所長報告：在現行來不及移監的 HIV 帶原收容人，由我來負責其醫療、衛教及心理輔導。由於醫者是誠心以對，為他們解決身體與心理上的不適與困苦，頗得所內收容人的信賴與尊重，對我個人危害或不禮貌的舉動則是未曾發生過。相較於其他的監所，基隆所 HIV 帶原的收容人囚情相對穩定許

多。

　　有趣的是，很多收容人當他們期滿、假釋、借提還押或移監時，提著行李由中央台往外移動路過醫務室門口時，自主性地對我默默一鞠躬，也有人說「醫官我要移監了，謝謝！」或說「醫官我要回家去了，感謝你！」

/ 我的監獄風雲錄 /

曾經有朋友打趣的跟我說，基層衛生單位或監獄的門診看病只要會用四種藥就行了，也就是會開軟便藥、鎮定劑、退燒藥和胃腸藥就好了。對於正在努力構建監獄醫療的我，乍聽之下覺得既無趣且不好笑。

監獄的收容人來自社會各個階層或五湖四海，他們有著特殊的生活背景與次文化。要替他們看病，無疑地要先了解他們的特質、想法與文化，才容易溝通並達到醫療的目的，減少收容人的弊端進而穩定囚情。

在這種環境下，詐病和偽病情況是很多的，在在都考驗著監獄醫療能力與政府的威信。在這段期間，我遇過來求診的收容人其職業及身分非常多樣，有前政府官員、民意代表、教授、醫師、科技工程師、各類專業人員、販夫走卒、角頭老大、黑道大哥、大毒梟、富商巨賈、海盜走私者、心神喪失的人乃至被判死刑者，各種類型都有，可說是另一個小型社會。這些收容人有的是羈押 1 至 2

天就轉走的，有的一待就是數年；有被判死刑正要移二審的，或罹患癌症的收容人被判刑，但是又未達保外就醫條件者。

在 2004 年當時的監獄醫療，設備、經費及人力都極缺乏，唯有收容人的複雜度一應俱全。這倒是讓在大醫院待慣的我大開眼界，工作辛苦之外亦感到頗具挑戰性。回想起來，我診斷過慢性腎炎、急性腹症、急性心肌梗塞、急性胰臟炎、淋巴瘤、肝癌、盲腸炎、消化道出血、肺外結核、因毒品導致雙側股骨頭缺血性壞死、心內膜炎、骨髓炎等等，「族繁不及備載」。至於十二指腸潰瘍、氣喘、慢性阻塞性肺病、糖尿病、甲狀腺機能低下、肺炎等等，則是較為常見的疾病。

所以千萬不要認為監獄沒有特殊疾病可以診治，或以為沒有挑戰性。相反地，監獄醫療要更全面性，在慎防詐病和偽病以穩定囚情的前提下，更要小心地去診治這群正在被羈押或管制下的收容人之健康問題。

在監獄專任醫師期間，有幾個比較有意思且具有挑戰性的案例，在此特別記錄與分享。

診斷罕見的「結核性中耳炎」

388 號是一位 22 歲犯了《毒品防治條例》的女性收容人，因為海洛英戒斷前來看診。三年前她曾有不明原因的左側肋膜積水、右上胸槍傷史、一級毒品史，因為在酒店上班有過量喝酒及消化性潰瘍史。就診時主訴嘔吐、拉肚子、胃痛、全身痠痛、流鼻涕、

流眼淚、身體上如萬蟲鑽動，此時她沒有發燒且生命跡象穩定，惟右前頸有一顆 5x2.5 公分硬質無壓痛的不移動腫塊（immovable mass），及左耳道流出淡黃色有異味的液體。我給她抗膽鹼性藥品、抗焦慮藥、補充水分與電解質、抗組織胺、止吐藥片，戒斷症狀在 3 至 4 天後逐漸趨緩。

根據她說，右前頸腫塊已經存在 1、2 年，沒有什麼特別注意；左耳道流出淡黃色有味道的液體已經有 4 至 5 個月的時間。當時我立即將她的左耳道分泌液採檢送至醫院細菌室去做細菌染色與培養，等戒斷症狀解除之後，安排戒護外醫到合作的署立基隆醫院耳鼻喉科，進行右前頸腫塊手術切片及左內耳的檢查，發現係「多發性耳膜穿孔」（multiple perforation of the eardrum）。幾天後切片報告出來證實為結核桿菌感染，隨後的一個小時，左耳道分泌液細菌培養報告也指出培養出「結核桿菌」，這是少見的「結核性中耳炎」，屬於「肺外結核」的案例。

有了明確的診斷，之後她在所內接受抗結核菌的治療也尚稱順利，並無發生藥物的副作用或身體排斥的情形。左耳道也不再流膿了，右前頸腫塊逐漸變柔軟和變小。因為她的刑期是 5 個月，出獄時療程尚未結束，我便囑咐她應繼續在基隆慢性病防治所持續治療。

監獄裡危險的腦膿瘍收容人

2005 年中的某一天，靠近中午時分，門診還剩下 6、7 個病人就結束了。407 號收容人是位 33 歲男性，入所第 5 天，由舍房主

管提帶自行步入我的診療室，他在看病之報告單上自訴「頭痛不舒服」。護士幫他量腋溫是 37.6℃，據他的描述一級毒品停用已經有一個多月，現場量的血壓及心跳均無異常，問診下來沒有上呼吸道、消化道或是海洛英戒斷症狀的跡象，而且入所已經第 5 天，似乎過了戒斷症狀的高峰期。

　　病人雙手微微的顫抖（fine tremor），身體腋下及口腔黏膜乾燥，略有脫水的現象。談吐及反應都正常，其他的身體診察（physical examination）大致上也都正常（包括雙手握力、肌腱反射、瞳孔大小與光反射檢查）。一時之間，我也無法下一個確切的診斷出來，但是直覺告訴我 407 號收容人是不正常、是生病的、是需要處理的，因為後面還有 6、7 個病人在等待看診，於是請主管把他帶到中央台觀察，到那裡喝水吃午飯，等我下診再回頭去評估一次。

　　當我下診到中央台時，407 號呆坐在餐盤前，我請他吃餐不要有拘束，讓我評估一下胃口及確定有進食。依照他的脫水現象看，我懷疑他近兩天的吃、喝都不良。接著我再鼓勵他吃些東西，但是卻看到他用筷子夾菜餚時，菜餚居然是滑溜夾不起來，而且他的手操作筷子時，筷子的尖端無法順利碰到嘴唇，這是神經受損的局部症狀（focal neurological signs），隱含著 finger-to-nose 有問題，極可能是顱內有病灶。

　　於是我補做十二對腦神經檢查，步態（gait）、Babinski sign、finger-to-nose 等檢查[25]。發現視野缺損、Babinski sign 陽性、finger-to-nose 異常。至於是中風、腦瘤或腦部感染，則需要到區域

醫院做腦部的電腦斷層檢查才能確認。

於是主管們隨即帶著我書寫的轉診單，407 號收容人仍可以自己步行上囚車，戒護外醫至區域醫院掛急診。但是，約在傍晚下班前時刻，該醫院急診將 407 號送回所內，說是正常（未做頭部電腦斷層）。一時之間，我陷入同仁的指責「林醫師你看錯了」的窘境。

此時，我仍仔細確認病人的體溫、水分、循環、呼吸、血壓、心跳皆暫無立即性的生命危險，並叫雜役拿米湯給他喝。囑咐他再打報告申請戒護外醫，所以隔天早晨再送戒護外醫，這次改到另一個區域醫院去掛急診。該醫院看了我的轉診單後，重複神經學檢查，同意我的見解與診斷，立即安排頭部電腦斷層檢查，赫然發現左側大腦確實有一個直徑 3 公分的膿瘍，併周圍腦組織水腫。院方隨即安排開刀，術後轉加護病房。手術中取出的膿液長出克列伯氏菌（*Klebshiella pneumoniae*），係因施打海洛英時使用了被細菌汙染的針頭所引起。

因為住院醫療冗長，神經損傷尚需復健，我替他向法務部申請保外就醫。保外就醫的收容人所醫必須定期訪視，訪談之間了解到該收容人母親是一位良善的家庭主婦，仍然希望他兒子期滿回家團圓，可以過新的生活。

▶ 作者間接從其他的司法查詢管道得知，407 號收容人後來仍陷於毒品無法自拔，仍反覆進出監所。

因痼疾痊癒戒毒成功

進到監獄、看守所的收容人，他們缺乏疾病就醫診療的習慣加上他們奔忙於社會上的五湖四海過度使用健康及體力的背景因素。總是帶著疾病入監獄，令法務部備感棘手。

316 號是一位 37 歲女性收容人，第四次因煙毒案入監獄觀察勒戒，入監的第三天因為海洛英戒斷症狀打報告申請要看病。316 號收容人來到我診間，主訴肚子絞痛、拉肚子、心悸、盜汗、流鼻涕、流眼淚、焦慮不安、雙手發抖及身體如萬蟲鑽動般。血壓雖仍正常，但是每分鐘心跳高達 140 下，合併胸悶。她同時說有甲狀腺功能亢進及氣喘的病史，但是都沒有在控制。

所做出來的心電圖呈現心房顫動[26]，身體診察呈現脫水及交感神經非常的亢進。我把她簽住到病舍打點滴，治療她的嚴重脫水與電解質不平衡的問題。稍晚檢驗所傳回來的數據顯示甲狀腺功能非常的亢進，我即開立適量的乙型交感神經阻斷劑（propranolol）及甲狀腺抑制劑（methimazole），治療其甲狀腺功能亢進及心房顫動。在這樣處理之下，6 個小時後，316 號收容人漸漸穩定下來，心悸、盜汗、焦慮不安及手發抖趨緩了。接下來的 3 天，海洛英戒斷症狀也慢慢消失。

在監裡觀察勒戒期間，除了曾經戒護外醫到區域醫院做甲狀腺超音波及抽血檢查外，一直都到醫務室拿藥控制甲狀腺功能亢進，甲狀腺功能也因此恢復到正常範圍（Euthyroidism）。她說：「原來的心悸、盜汗、焦慮不安、雙手發抖的症狀都消失了，人比從前

舒服。」又說：「以前就是因為人不舒服、有症狀，有朋友教她抽菸、打海洛英來緩解，從今以後下定決心要戒毒！」

▶ 　作者從更生保護會的管道得知，316 號收容人之後真的戒毒成功，在工業區當一名食品工廠的工人。

/醫師援助法官審理刑事案件/

107 號是一位 44 歲男性收容人，因竊盜案被公訴入監獄，過去在社會上他每天喝 1 到 2 瓶酒精純度 32％ 的白酒，已經有二十幾年的歷史，目前已經肝硬化了。由於他入監的當天仍然喝酒如故，所以一進來就先處理他的酒精戒斷症狀，當時醫療及藥物介入得早，他的酒精戒斷症狀很快地被控制下來，平安度過了。可是，他 C 級程度的肝硬化（Child C）[27]，經常神智不清楚。失代償性肝硬化（decompensated liver cirrhosis）的病人過去在醫院我照顧過很多，原則上是讓他們規則排便，減少氨（ammonia）從腸道吸收進入體內。

某一天，法院的 A 法官打電話來問我：

A 法官：「開了幾次庭，107 號收容人每一回講的都不很一致，司法上的認定有困難度。」

林醫師：「因為長期酗酒引起肝硬化，且是失代償性的肝硬化，已到達 C 級程度了。因此，神智經常受到體內氨（ammonia）

過高所影響，他體力比常人差，倒不是故意的。107 號收容人目前酒精戒斷期已平安度過了，近日我的評估所知他大部分時間神智是清楚的狀態。」

A 法官：「那司法庭訊上怎麼辦？在開庭問訊或裁判所做得的筆錄，倘若日後他翻供說他係於神智不清下做的，也會有欠公正。」

林醫師：「在醫學上有一個客觀上評估神智清楚的量度法，稱為 JOMAC[28]。

法座您要開庭的前一天請通知我，我開庭當天先在所內做個完整的 JOMAC 神智評估，確定神智是否為清楚沒有問題。再將這份醫師進行的專門評估表附卷宗，帶到法院去進行開庭，如此就不會有冤枉或不合理開庭的情形了。」

A 法官：「法官們在審訊上要保持司法上的公正超然，而林醫師你提供收容人的健康情況，法庭在法律上會有妥當的裁決。」

之後的某日，107 號收容人就在我評估完神智狀況確定為清楚無誤後，提帶到法院做合乎情理的審訊。

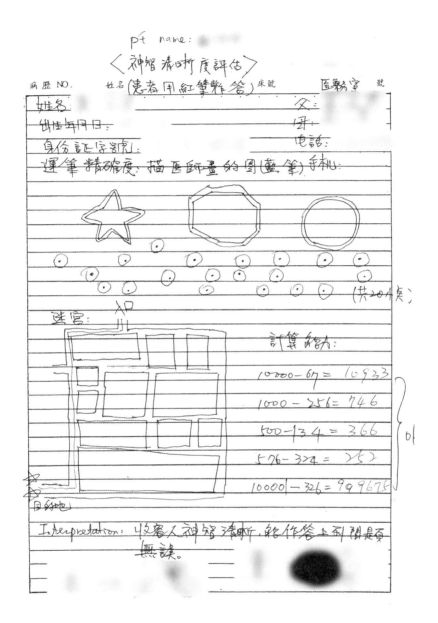

收容人出庭前在看守所醫務室先行做「JOMAC 測試」為神志清楚狀態（部分病歷抽選）。

/ 煙毒犯 /

毒癮者都自知，某天他們將會路倒在街頭或橫死於街角，也都知道自己已經不能再為這個世界做出什麼貢獻，懦弱沉溺於魔鬼給他們的快樂。為了取得這樣的幻滅快樂，即使做出殘忍的事情也在所不惜。在魔鬼的使喚下，生命、人倫、尊嚴根本可有可無。縱使是行將殘破的身體、逝去的容顏或是即將冷卻的身軀，仍讓他們沉溺追逐毒品而不悔。每一個煙毒者的一生，猶如 Rembetika 樂曲[29] 所訴說的故事一般，呈現粗陋吵雜與刺耳、叛逆和不能再平凡的平凡！

在政府或是司法治安上，毒品犯罪仍是大問題，每年新收犯罪入監獄的收容人當中，屬於違反煙毒條例或毒品相關的案件就超過 5 成。況且有的案件是間接跟毒品犯罪有關，例如偷竊、傷害、滋事等等。也就是說，假若沒有嗎啡、海洛英等煙毒的案件，監獄將會空掉一半或更多，而變成蚊子館。可是現實情況正好相反，監獄卻是被擠爆與超收，即使是 2007 年的大減刑，經過一段時間後，

收容人大多仍是陸陸續續因為煙毒問題回籠，不讓監獄空虛。

　　罌粟花果實漿液凝集成的生藥粗產物叫做鴉片（Opium）粉末，將其精製提煉出來的生物鹼主產物叫做嗎啡（Morphine）。1897 年 Bayer 的化學家 Felix Hoffmann 合成二乙醯基嗎啡，命名為海洛英（Heroin）並註冊，具有高度成癮性、止咳、強止痛性、高欣快性效果。

　　人們自從發現它對中樞神經的效果，從此展開了它非醫療用途危害人類長達一百多年，奪走無數寶貴生命與家庭的幸福，摧毀了無數人倫親情。嗎啡類毒品在台灣、中國大陸、香港、新加坡、馬來西亞等華人世界均制定重刑監管及控制，海洛英在毒癮者圈內被稱為「四號仔」或「號仔」。

　　毒癮者在享受海洛英帶來的暫時性夢幻的欣快感叫做「茫」，卻得付出經濟、體力、人倫親情、品格上的代價。使用一次海洛英約可持續 6 到 12 小時，如果停藥會產生戒斷症狀，毒癮者稱為「啼藥」，症狀更嚴重的叫做「摔」。

　　「啼藥」或「摔」就是戒斷症狀的圈內行話，通常在停藥的 3 到 5 天達到戒斷症狀的高峰期，之後漸趨緩和。就算是戒毒成功，但可怕的是有一些症狀如失眠、全身痠痛、畏寒可持續數週到數月之久，時不時會再發生這些症狀，這個稱為履歷現象（flashback），常常使得他們在不能忍受及加上其他誘因的情況下重蹈覆轍。

　　毒癮者停用毒品會有「啼藥」的現象，此種戒斷症狀非常痛苦，這也是很難戒除的原因之一。戒斷症狀在停藥的半天後就會陸

續產生，包括畏寒發抖、流鼻涕、流眼淚、流汗、嘔吐、拉肚子、肚子絞痛、抽筋、中樞神經過度亢進、整個身體如萬蟲鑽動、睡不著等等，非常痛苦不舒服！此症狀通常會持續到 7 天左右。

我觀察到，在監獄接受觀察勒戒的收容人，發生戒斷症狀時，畏寒、發抖、流鼻涕、流眼淚，身體瑟縮在舍房的一個角落，即使是寒冷的冬天也會去沖冷水，甚至用身體去撞牆來解除其痛苦。

所以毒品這個魔鬼會趨使他的門徒去偷、去搶，甚至去殺人，無所不用其極。敗光祖先幾代所累積下來的產業，或是搶走父母和兄弟姊妹的血汗錢，只為了能去買毒品，事實上每個毒癮者的故事都差不多！

記得有一位收容人在啼藥的時候幹下搶劫案，一審判刑 8 年。另外，在我當法醫時也無數次看過毒癮者猝死、病死、意外死亡或自殺的情況，前來認屍或做筆錄的家屬多半神情冷漠，有的家屬甚至表示送走魔鬼簡直大大鬆了一口氣，或是一副事不關己的態度。也有為社會除害大義滅親的父親，直接通知警察來抓人，主要原因是整個家庭，已經被這個煙毒的惡魔摧毀得沒有人倫與親情了。

在 2005 至 2007 年間，收容人們大量新增 HIV 感染者，就是起因於海洛英施打過程中，共用針頭或被污染的注射器所造成的。高純度的海洛英磚經由走私進到台灣來，因為價格非常昂貴，所以就在沒有滅菌程序或缺乏絕塵設備的簡陋地下工廠，用葡萄糖粉加工稀釋成數倍的體積或重量。

在完全沒有無菌或密封的情況下，用普通市用 4×3 公分大小的「夾鏈袋」分裝來出售。以 1 錢（大約 3.75 公克）的重量分裝成

4 袋（大約 0.9 公克），在當時（2005 年）以大約 6,500 元的價格，在社會的暗處或角落販售給這些毒癮者。

他們起初用吸的，之後改用打的比較快達到「茫」（欣快感），甚至到後來直接打到動脈裡，效果更快更過癮。所以，在以前用普通針頭施打的時代，靜脈注射毒癮者的手肘處及前手臂沿著血管打到色素沉著，在鼠蹊部的股靜脈處則是打到皮膚纖維化並形成凹窩狀，很髒而且不易保持清潔。近十多年來，胰島素空針容易取得，因為針頭比較細，打針所導致的色素沉著減少了。

這些靜脈注射毒癮者的特性就是幾個人群聚在隱密的地方來進行施打，他們為了躲避警察的攔檢，儘量減少攜帶針頭（筒），而經常共用針頭（筒）來進行注射。另外，他們幾乎沒有什麼無菌操作的概念，用市售的礦泉水甚至自來水當溶媒，來溶解分裝在夾鏈袋的海洛英粉末，再進行靜脈的施打。另外，他們經常用礦泉水瓶蓋或茶杯裝水來抽吸洗針筒，而且容器是大家共用來抽吸洗針筒。單看如此的施打程序，就不難理解為何以前是 C 型或 B 型肝炎盛行，現在則是被 HIV 感染凌駕了。

我到監獄服務為收容人健康把關，收容人打報告來求診者，有一大部分是來看戒斷症狀。我雖不是精神科醫師，但幸好還是內科醫師，擅長於診治內科疾患，幫助他們平安度過戒斷症狀期間。有時候他們占滿了我看診的總人數；或有時在戒斷症狀之中夾帶其他的急性病症，跑來要我幫他們診療。因此我的診斷排行榜充斥著毒癮者、詐病謊言與戒斷症狀裡夾帶急性病症在其中的狀態。因此我必須提高警覺以對，對這些摻雜著一些生命危象的疾病（例如尿道

炎合併敗血症、胃穿孔、肺炎）的狀況，更需要虛心謹慎地給予釐清。

據當時報載，在 2007 年 7 月 16 日全國大減刑（紀念台灣解嚴20 週年），有 14,000 多收容人假釋出監獄，造成毒品價格大漲，0.3公克在 2,000~2,500 元之間，而且摻葡萄糖粉，純度大約只有 30％左右，他們的嗜毒難改真是令人搖頭嘆息。

由於戒斷症狀出現及躲警察耳目，加上「四號仔」得之不易，所以一拿到手就饑不擇食地到公廁或加油站廁所去施打。殊不知廁所是細菌最多的地方，尤其是一些毒性強的革蘭氏陰性細菌或厭氧菌，在那種地方操作靜脈注射，可真是「要毒不要命」了。

還有一個令人啼笑皆非的現象，就是這些毒癮者嗜毒如命。即使明知入監獄執刑的日期在即，已到要進監獄來做觀察勒戒或服刑，仍繼續施用毒品到最後一刻，在入監獄前堅持要再打一劑。於是乎，大約在入監新收後的 6 到 12 小時陸續產生戒斷症狀，痛苦連天。在行動被拘禁約束之際，才肯度過「啼藥」這檔事，非但很不方便，也造成公務機關極大的困擾。

我的監獄專任醫師服務生涯，實在讓我目睹及體驗到了這個社會鮮為人知的另一個毒品黑暗區塊。

/ 毒蟲輓歌 /

我在法務部公費服務的數年內，不論是監獄醫師或是法醫師的時期，很多次在毒癮者或是靜脈注射藥癮者身上，親眼目睹他們的生命中所發生令人扼腕的故事。這是一般的臨床醫師看不到的經驗，也是一種寫實版的反毒教育。

煙毒者免疫系統被瓦解而不自知

某天法務部法醫研究所蕭開平組長（醫師）率員到基隆地檢署，協助本署對一位右側肩胛骨下有個 3 公分長穿刺傷的死亡者，進行司法解剖工作。

這是一個 34 歲男性靜脈注射藥癮者，有煙毒前科，曾經進出監獄多次。家人發現他神智不清多日後，竟於自家中死亡，死亡原因尚待釐清。該男性未婚又無業，有一級毒品[30]前科。其老母與家人文化水平不高，而且對煙毒者的情況或是疾病完全沒有病識的概

念，在神智不清之際未及時送醫。因為我在相驗時發現，枕部頭皮（occipital）有個 4 公分直徑擦傷所形成結痂的病灶，另外該員在右側肩胛骨下有個長 3 公分穿刺傷口，極像刀片或銳器所造成的穿刺傷口。該傷口就成傷部位與角度而言，應屬「他為」的穿刺傷；又因死者在神智不清之前，有 3 天沒有回家、失聯的情形。因此，檢察官在發動偵查的同時，也報請法醫研究所來進行解剖鑑定。

因係煙毒前科，及近一個月來暴瘦 10 幾公斤、屍體的口腔黏膜長滿念珠菌。基於當時《後天免疫缺乏症候群防治條例》的個資保護及解剖時安全的考量，在檢察署與衛生局間針對司法解剖鑑定的死亡者，由本署出具公文，衛生局可提供匿名的查詢作業。因此向基隆衛生局查詢，確定其為一非 HIV 感染通報的個案。

解剖當時，右側肩胛骨下經一切開，發現其體壁內插入一塊 3.0x1.5 公分公分的彎形玻璃片並形成膿瘍，而且周圍的組織仍持續發炎中。尤其特別的是，死者身體上所有淋巴節均腫大（lympadenopathy）、脾臟腫大（splenomegaly）及雙側肺部及腎臟都有小膿胞（microabscess），看起來是膿瘍造成菌血症，並在體內的各個器官到處蔓延形成膿胞。但是，打開其顱骨居然在枕部有個 32 c.c. 的硬腦膜下出血（subdural hemorrhage；SDH）。

因此一 3.0×1.5 公分的彎形玻璃片極似餐具或器皿的斷片，經進一步詢問死者母親指認，她說確定是其家中醬油碟子的碎片。大約在 1 個月前，因為使用毒品及服用其他藥物，導致步態不穩發生跌倒事件，跌倒時壓倒餐桌及壓破盤子及醬油碟子，頭部撞到地板，沒有察覺到醬油碟子的碎片插入背部。儘管玻璃片插到身體導

致發炎，但因長期使用海洛英，海洛英有止痛的效果，因為沒有痛感故而沒有就醫並繼續使用毒品，又因營養及免疫力差，症狀更不明顯，白血球及免疫防禦更是沒有功能。整個勘驗的過程，發現並無被毆打或是被傷害的情況。另外，幾天後血清報告出來，確定為HIV 抗體陽性，至少是感染者或甚至是 AIDS 的病人。

顯然這是一個使用毒品 HIV 抗體陽性的人，因使用毒品導致步態不穩跌倒，造成硬腦膜下出血及玻璃片穿刺體壁並形成膿瘍，引發敗血症及中樞神經損傷造成死亡的案例。

父母雙雙長年沉淪於毒品，一雙小孩玩水溺斃

2008 年某個燠熱的夏天午後，本署轄區的某分局傳來報驗，發現兩個男童在野溪裡玩水溺斃，送醫仍不治的案子。這兩個男童是兄弟，一個 8 歲另一個是 6 歲，跟祖父母住一起。

檢察官率法醫、刑警、警察前往解剖室進行相驗。因為兩個孩童的父母俱為監獄的收容人，仍在服刑中，檢察官諭令獄方提帶前來做屍體指認並做筆錄。法醫相驗時，兩具兒童屍體體徵符合於生前落水，全身無外傷。兩個孩童的父母因為煙毒案仍是服刑中的收容人身分，獄方依法手銬腳鐐前來指認並做筆錄。當時這對父母親見到自己的兩個小孩溺斃，搥胸頓足，哀號淒厲，悲痛欲絕。

檢察官詳查，這兩個兄弟趁著祖父母午睡時跑到野溪裡玩水，因為不諳水性又逢水深，不幸慘遭滅頂。推究其因，其父母雙雙長年沉淪於毒品，不是坐牢就是躲警察居無定所，幾乎沒有盡到為人

父母的職責，疏於照顧才會釀成悲劇。毒品造成的人倫慘劇，莫此為甚。

治療「海洛英引起的腎病症候群」的遺憾個案

500 號是 38 歲男性收容人，入監原因係違反毒品防治條例。數年前，因為使用一級毒品，曾經有胃穿孔的病史。入所後，他打報告要求海洛英戒斷症狀的治療，在就診時比較特殊的是，他臉部浮腫及雙側下肢有三價的水腫[31]，入所驗尿的報告呈現嚴重的蛋白尿。

他說之前有「腰子病」，曾經在市區的基隆長庚醫院給我的好友腎臟科吳敬恆醫師治療。在治療他的戒斷症狀同時，我請他寫信給家人調閱長庚醫院就診記錄及腎臟切片病理報告。在戒斷症狀趨緩，長庚醫院就診紀錄及腎臟切片病理報告也送到所裡來了。他是腎病症候群（nephrotic syndrome）的病人，但是近兩年則是失聯沒有再回腎臟科門診治療。

此時，我打電話給敬恆向他請教照顧和治療的策略。敬恆說：「這病人真的是一段時間沒有回醫院門診了。」接著又說：「起初我們也在找尋他腎病症候群的原因，因為病人堅持不願透露使用海洛英。」但是他聽我這一病史的報告，加上病人在長庚醫院的腎臟病理切片係局部節段性腎絲球硬化（focal segmental glomerulosclerosis；FSGS），所以敬恆推斷他是少見的「海洛英引起的腎病變（Heroin-associated Nephropathy）」。

他給我建議：假如沒有其他的不適應症（contra-indication），給他每天 60 毫克的口服類固醇[32] 加胃藥治療，出所後再請他回長庚醫院腎臟科回診即可。

接下來，在這樣治療下很平順，一個月後臉部及腳水腫都消除，相較於剛入所時，精神體格好很多。我曾經告誡過他，你的腎臟病是源自於毒品的使用，該戒毒了，而他也承認早年還沒碰毒品之前並沒有腎臟病。

當時藉由吳敬恆醫師的幫忙救了一條人命。但是整個故事令人遺憾的卻是在後頭。該收容人在出所一年多後，再次因相同的毒品問題入監獄服刑。令醫師及監獄詫異的是，他入監所時的 HIV 抗體篩檢與西方墨點檢驗均為陽性。他已經染上愛滋病毒了！之前的腎病症候群及入監服刑已經是給他的兩個警告，只是他們仍沉溺於魔鬼給的快樂，甚至玩掉性命也在所不惜。

/ 君子不器──轉任法醫師 /

我 服務於監獄擔任專任醫師，共計 2 年 4 個月，努力做到：

- 幫助機關建立醫療流程。
- 收容人看病作業標準。
- 提升收容人的醫療保障。
- 增進收容人的健康。
- HIV 帶原者的衛教與就地照護以安定囚情。

　　收容人們對這樣的醫療感到安心與感謝。政風室在戒護區，收容人放風活動區域設有投書信箱，我服務期間，未曾有被投書或不滿的紀錄。這 2 年 4 個月來，基隆看守所的醫療服務，受到收容人的信賴與尊重。收容人於出所或移監後，對於在基隆看守所的醫療服務，遞出頗多回饋的感謝信函。

　　監獄的醫療已經 Demostration（示範）給社會看了，而且法務部所屬矯正機關收容人的醫療已經在研擬及規劃納入全民健保體

系。由於公費服務冗長，在某個場合兄長突發奇想地提出，何不轉任去當法醫師來繼續公費服務，畢竟這個社會「法醫荒」那麼嚴重。

事實上，當時法務部缺少法醫師的程度比缺監獄醫師更嚴重，只是我們都不是病理科醫師。成大醫學院公費生中，除了許倬憲學長（當時任台中地檢主任法醫師[33]）是訓練病理科之外，其他公費生均是訓練臨床科，以便未來在公費服務時選擇走監獄醫師服務的路線。

心想 5 年公費服務是既定的行程，何不鼓起勇氣往前轉入法醫學科，以繼續我公費服務的旅程。因為當年我是法務部「法務部羅致法醫師及監所醫師實施要點」培育的公費生，如果能夠「監獄醫師」及「法醫師」二者都服務了，也是人生歷練的圓滿。因而大膽地，做了一個跨領域的轉型，想藉公費服務之際，探索醫學的另一個領域，也算是開拓個人在醫學的新境界。除了為社會服務之外，也為自己尋覓新的跑道，開拓另一個新的職場。

只不過起初我的疑慮是：「能否當個稱職的法醫師？」由於目前的醫學教育體制下，大部分國內醫學系在學期間，「法醫學」[34]只有極少的兩學分，有些學校甚至是選修課。我對法醫學根本沒有太大的把握。尤其法醫相驗屬於病理學科的領域範疇，在台灣的醫學院裡，只有台大醫學院等少數醫學院才有「法醫學科」的建置，其他則是沒有的。

過去由於法醫待遇與工作環境都不好，加上是看「死人」，為傳統社會上的人所貶抑；但是對於楊日松法醫[35]，又是給予神格化之尊敬的兩極化心態。整個大環境所致，讓醫師們總是對法醫工作

興趣缺缺，長期累積下來的結果，造成法務部在人力招募與訓練上倍感艱辛，畢竟當時國內並沒有常規的法醫師訓練機構或訓練準則。

於是我詢問前輩們的意見，眾多法醫界前輩給我的答案綜合起來是：如果真的有興趣，可以「一邊做一邊學」。若是勤勉學習，很多人會支持你，很多前輩會願意教導，如此知識與技能也會與日俱增。

有了前輩們這層寶貴的意見，於是我在 2005 年 11 月 21 日上簽呈到機關，再由機關呈報臺灣高等法院檢察署，以「為求能拓展醫學視野及醫療工作技能」的主旨，表達我轉調檢察體系法醫師的意願，並請高等法院檢察署人事處代覓北北基地區的法醫師職缺。

當我決定去當法醫師的時候，心理上有一些前置的思維與準備加進來。一般社會大眾所周知的，遇有生病問題或是健康保健，會找醫師看診服務，但我想醫師的「社會責任」並不侷限在看病開藥片或做檢查。醫學具有它寬廣的光譜，在光譜的遠端是一些困難的學科，例如為死者主持正義公道下診斷的法醫師、為心神喪失病人愛心診治的精神科醫師、為頑固疾病傳染性疾病提供照顧的神職人員、使身體功能缺損者恢復的復健科醫師、照顧先天性異常病童的愛心機構或團體及照顧智能異常病童的特殊牙科等等。

我期盼藉由自己醫學生命的多元旅程來歷練自己，以及測試過去所從事的醫業，但並不表示我對自己在臨床上的診斷治療沒有信心或疑惑，只是深怕偏執或侷限於自己象牙塔裡的短見。我也期盼自己今天的旅程所見，豐富日後醫業的思維與選項，並能體察醫院以外的人心與社會脈動，期許來日為社會提供更務實的服務。

NOTES 註釋：

1   前法務部矯正司黃司長徵男 2004。

2   《用心聆聽》：黃達夫醫師 1999，天下文化出版。

3   廖運範：1942 年出生，臺灣桃園縣人，臺灣大學醫學院畢業。係國際
     著名的病毒性肝炎專家、中央研究院院士、長庚大學特聘講座教授。

4   羈押禁見：收押禁見係法院裁定羈押被告，並且禁止被告與外人接
     見。被告被羈押後被拘禁於看守所中，原則上得與外人接見、通信及
     受授書籍及其他物件（《刑事訴訟法》第 105 條第 2 項）。但若法院
     認被告為前項之接見、通信及受授物件有足致其脫逃或湮滅、偽造、
     變造證據或勾串共犯或證人之虞者，得依檢察官之聲請或依職權命禁
     止或扣押之（《刑事訴訟法》第 105 條第 3 項）。

5   戒護外醫：收容人戒護外醫又稱為「外醫」，可分為一般外醫與緊急
     外醫。因為監所機關醫療資源有限，而且沒有急診室的編制。當無法
     提供收容人完整的醫療或遇有生命上緊急的病症時，監所會啟動「戒
     護外醫」的程序，由管理員戒護把收容人送到民間的醫院或急診就醫。

6   指尖血氧飽和度（SpO2）99％：正常人生命跡象中以呼吸 12-20 下 /
     分鐘，心跳 60-80 下 / 分鐘，血氧飽和度 SpO2 大於 95％為正常。

7   氣胸或血胸：氣胸（pneumothorax）是因肺臟的肺泡破裂，使空氣由
     肺泡進入肋膜腔內（肋膜腔為肺臟與胸壁之間的空腔），造成氣體在
     肋膜腔內蓄積，肋膜腔內壓力升高，進而壓迫肺臟組織，造成肺臟部
     份或完全塌陷，稱之為氣胸。嚴重時會造成呼吸衰竭或張力性氣胸。
     血胸（hemothorax）的原因大多是外傷，可能是胸部受到尖銳物的穿
     刺傷，或是遭到鈍器重擊，導致肋骨斷裂後，將胸腔壁或肺部表面的
     血管刺破或扯斷撕裂。引起血液在胸腔內積聚，會造成低血容性休克
     與呼吸衰竭。

8   Murphy's sign（墨菲氏徵象）：深吸時會使得右側右上腹部近鎖骨中
     線或更外側近肝臟下緣之壓痛加重，即表高度懷疑為急性膽囊炎。

9   反彈痛（rebounding pain）：以手指垂直下壓腹部，並且迅速抽離，若

有反彈痛則表示有腹膜內炎症反應，則需懷疑腹膜炎的存在。

10 平均餘命：即某人到達 X 歲以後，平均尚可期待之生存年數，就稱為 X 歲之平均餘命。

11 「打報告」看病：監所收容人申請要看病，他們打書面報告向舍房主管申請要看病。

12 抗組織胺：即是 antihistamine。無論是過敏性鼻炎引起的流鼻水，還是蕁麻疹引起的皮膚癢，只要發生過敏反應時，最常被使用的藥物。抗組織胺類的藥物可以用來舒緩過敏反應發生時種種不適的症狀，可是吃了這些類藥物有些人卻會變得很想睡覺，但有些人吃了則會有上廁所時發生便祕或排尿不順的副作用。

13 「厚病」：台語厚病，就是多病的意思。

14 詐病：不是真的心理疾病，而是有目的地故意裝病，他們通常有一個清楚的目標，如：詐領保險金或逃避兵役、躲避法律刑責、規避責任等等。詐病的病人通常不會願意接受高風險的手術或檢查，他們一旦達到目的或評估風險高於獲利，便會停止裝病。

15 鑑別診斷：指的是醫師將某個特定疾病從其他展現類似症狀的疾病中區分開，做出診斷來。

16 JOMAC 檢測：大腦皮質的認知功能狀態測驗包含五項，英文字首合起來簡寫為「JOMAC」，即判斷力（Judgement）、定向感（Orientation）、記憶力（Memory）、抽象思考（Abstract）、計算（Calculation）。

17 高滲透壓高血糖症：hyperosmolar hyperglycemic syndrome（HHS）。當糖尿病病人無法得到適當補充水分，發生血糖升高、血液滲透壓升高及脫水的情況。

18 中央台：中央台為「中央監視台」的簡稱，其特徵為在監獄的中央有一座扇形臺來管理周圍呈手掌狀放射出去的囚房。中央台之主要目的為監控收容人舍房動態，不僅是監控全監、勤務調派的樞紐，同時因其空間所形成的特殊氛圍，中央台可視為監獄最重要的核心建築。

19 囉音、喘鳴聲及痰音（crackles,wheeze,rhonchi）：異常的呼吸聲音出現，分別代表呼吸道不同的病變。

20　美沙酮減害計畫（Harm reduction program）：近年來因毒癮感染愛滋人數暴增，衛生福利部於 2005 年 12 月 6 日通過「毒品病患愛滋減害試辦計畫」，引進替代性的戒癮藥物—美沙冬（Methadone）。美沙冬為口服液劑，可以減少因為毒癮共用針頭引起愛滋、肝炎的病例發生。該藥品是一種類似嗎啡的合成鴉片類作用劑，同樣有止痛、鎮咳作用，戒斷症狀與嗎啡相似，只是產生較慢、程度較輕，持續時間較長。

21　ELISA：即 enzyme-linked immunosorbent assay；酵素結合免疫吸附分析法（又稱酵素免疫分析法），利用抗原抗體之間專一性鍵結之特性，對檢體進行檢測。ELISA 的一項重要應用為用於 HIV 抗體的檢測。

22　西方墨點法〔western blotting〕：在生命科學研究中常用以檢測蛋白質表現的實驗方法，可以應用來檢測 HIV 感染。

23　四號仔：海洛英在毒癮者圈內稱為「四號仔」或「號仔」。

24　「同學」：收容人們會彼此互相稱呼為同學。

25　十二對腦神經檢查，步態（gait）、Babinski sign, finger-to-nose 檢查：都是神經學上的檢查，可以用來評估中樞神經的缺損或病灶。

26　心房顫動：心房顫動是一種因為心臟內產生節律訊號的功能異常，導致心跳不規則且經常過快的病症，英文全名為 atrial fibrillation，可以次發於甲狀腺功能亢進。

27　C 級程度的肝硬化（Child C）：1973 年，Pugh 提出 Child-Pugh score 肝硬化分級標準，分 A、B、C 3 個等級，C 級為最嚴重。

28　JOMAC：請詳「詐病」篇之（註 16）。

29　Rembetika 樂曲：1923 年，因洛桑條約的簽訂，從土耳其境內撤離了上百萬的希臘人返回其祖國，同時也帶回了東方音律。rembetika（倫貝提卡）就在這樣的背景下崛起，流入城市角落裡，成為許多工人、無業遊民在煙鋪（hash den）裡吸食大麻時最好的伴樂。煙客在煙鋪裡常即興表演 rembetika，為這種音樂添加了叛逆色彩，充斥與大麻相關的歌詞。

30　一級毒品：依「毒品危害防制條例」將毒品依其成癮性、濫用性及對社會危害性分為四級。海洛因、嗎啡、鴉片、古柯鹼及其相類似製品

屬於一級毒品。

31 三價的水腫：以手指指腹下壓脛骨旁或足踝的皮膚 5-10 秒，當指腹離開皮膚表面後，正常狀態下按壓處應能立即恢復原狀。若局部在按壓後持續下凹無法立即恢復則代表有水腫的情形。三價的水腫代表嚴重水腫常合併下肢腫脹。

32 類固醇：狹義的類固醇係指由腎上腺皮質所分泌的荷爾蒙。腎上腺皮質荷爾蒙主要分為兩類，第一類是醣化皮質類固醇（glucocorticoid），一般所說的類固醇藥物多半指的是這一種成分，具有減緩免疫發炎反應、調節蛋白質、脂肪及醣類代謝、維持血壓及心臟功能等作用；第二類則是礦物皮質類固醇（mineralocorticoid），主要用於維持體內鈉、鉀離子的平衡現象。

33 許倬憲：成功大學醫學院畢業。法醫師、病理專科醫師、法醫病理專科醫師，係國內知名法醫師。2018 年夏起，出任法務部法醫研究所法醫病理組組長。

34 法醫學（forensic medicine）：醫學的一個分科，運用醫學、生物學、化學和其他自然科學知識和技能解決法律問題的科學，用於偵察犯罪和審理民事或刑事案件提供證據。

35 楊日松法醫：楊日松（1927 年 11 月 23 日 - 2011 年 11 月 23 日），出生於台灣苗栗縣公館鄉，是台灣著名法醫，經手過許多國內重大刑案，被譽為「台灣福爾摩斯」、「法醫神探」、「人間判官」、「法醫青天」。

轉任法醫師

法醫學科不是醫學界的外蒙古！
只因為醫學的巨塔之外還有一道萬里長城。
萬里長城提供了屏障保護，
但也限制了疆域版圖。

/ 英明睿智的檢察長 /

2006 年 7 月中旬，我漸漸地開始獨立負責本署相驗[1]的業務，
也約莫在這個時候，費玲玲檢察長召見我面談。由於我是
少數願意從事法醫工作的臨床醫師，檢察長頗為重視。

　　談話中，長官先提到法醫師對檢方偵辦案子的重要性，並說明
法醫領域與臨床診治病人是不同的專業，對於死因不明、案情不清
或者後續院檢掌理的案子需要更多資訊的協助，就要提報「解剖」
釐清案情。事實上，檢察長當時也提示了一些與法醫相驗有關，並
足為社會借鏡的案子。

　　檢察長同時強調科學辦案的重要性。長官當時也提問，本署能
否支援板橋地檢署（即現在的新北地檢署）法醫室相驗工作？最後
一點，則是擬派我去法務部所屬的法醫研究所實習「法醫師的實務
經驗」，徵詢我本人的意願？

　　對於費檢察長所揭示的法醫師工作要項，我個人亦深感認同，
衷心感謝長官的提示與對法醫室業務的關心。對於支援板橋地檢署

一事，先前已經在法醫室內部討論過了，只是工作量稍為增加，尚不致於影響本署業務。前往法醫研究所實習法醫實務，我更是舉雙手贊成並表達感激，因為當時我正苦於沒有進一步正規的法醫訓練。

法醫相驗的案子，常為社會現狀的反映，有著強烈的民情與地域性。到法醫研究所實習，除了可以與老師們學習其專長，還可去看看其他地檢署報請複驗或解剖案子的程度與模樣，從中歷練與挑戰擔負法醫業務的能力。另外，透過檢察長的睿智安排，支援板橋地檢署，更可增加實務經驗，真的是一舉數得。

於是，展開了我豐富又忙碌的法醫師的服務旅程。一方面跟魏南榮法醫負責本署的業務，定期支援板橋地檢署法醫室。另一方面在備勤之日，前往位在台北市基隆路的法醫研究所去實習法醫實務。雖然生活忙碌到了極點，但對我訓練法醫相驗增添了豐富的經驗與進入正軌。心中著實感激費檢察長的高瞻遠矚，給我在剛進入法醫這領域的引導與方針，能使我依著這樣的步驟，學到優良的相驗技能，加強我在案例相驗上的信心，也提升機關為民服務的品質。

記得 2006 年 11 月的一次法醫研究所安排前往外地的實習行程，學習的老師是法醫界的大前輩，台大醫院病理學科方中民教授[2]。在前往桃園地檢署轄區解剖室，進行司法解剖任務的公務車車程中，教授問我的來歷與背景，並問我今天到法醫研究所實習案件解剖與複驗的原因為何？有沒有函文及依法辦理公假？

我則是據實稟告：「有函文及正式公假。」並說是基隆地檢署費檢察長，希望我這個新進的醫師公費生能有較完善的訓練，強調

本署能更提升為民服務品質及行政能力。所以派我在備勤之日以公假的方式，到法醫研究所研習法醫業務，包括報部複驗、解剖案例實習，以增進法醫相驗的智能與素養。

方老師在聽完我的陳述後說：「不錯，很好。你們檢察長是哪位？」

「費檢察長玲玲。」

「我認識，早年她在做檢察官的時候，就有業務上的接觸，她是一位很突出的司法官。她這樣安排你，是真的很不錯。」又說：「來，你馬上撥電話給費檢察長。」

我拿起腰際的手機撥本署總機轉檢察長辦公室，接通了之後先向檢察長報告了實習的行程，並表示主持解剖的鑑定醫師方中民教授要和檢察長通電話。

「費檢察長您派林法醫來法醫研究所實習以增進業務上的智能與素養，是個很正確很了不起的決策！這樣做讓新進同仁培訓及對法醫室的發展與成熟是個對的決定，他們日後定會有所長進，會有更多可以協助檢方的能力。」

……如此的學習持續了一整年，我深感慶幸，能被安排走上正確的訓練與養成的方向。除病理組之外，也學習了法醫研究所另外兩個重要的組別——血清組與毒物化學組。他們是刑案的尖端科技部隊，刑事案件現場的「微物跡證」都躲不過他們的法眼！

另外曾經發生一件事，也讓我萬分折服費檢察長。

記得我在 2005 年 11 月下旬上了簽呈到高等法院檢察署，表達我個人想要轉調至檢察體系法醫師的意願。當時北三檢僅基隆地檢

署有一個法醫師職缺，但是到隔年的 3 月仍杳無音訊。我心知，是有人密告我在基隆看守所醫務室，為了收容人的健康問題，而被人認為「擇善固執」與「難喬事情」的處事風格。我萬萬沒想到眾人耳語渲染的結果，竟是造成沒有人敢任用我的窘境。

當時我反覆斟酌，思索究竟該如何解套，儘管曾經有閃過親自去見檢察長的念頭，不過當時我臉皮薄，心中劇烈拉扯，還是不好意思直接去面見檢察長。

最後，我終於下定決心跨出這一步，在 2006 年 3 月準備個人履歷表，以及和信醫院黃達夫院長的《用心聆聽》這本書，我拿去請檢察長辦公室的祕書美娥小姐轉呈給檢察長（基隆地檢署與基隆看守所僅隔一條崇法街）。出乎我意外之外，很快地，在 4 月上旬就辦理公開應徵面試。

我心知，這是一位英明的檢察長。即使她可能聽到一些負面消息，但在看了我的履歷表與呈上的《用心聆聽》這本書之後，她的「心證」上 catch（抓到）到事實的真相──或許事實並非傳聞中的那樣，林醫師可能不像是一般行政人員口中描述之人。而之後所有的事實，也可以用我在基隆署服務 3 年多，以及之後擔任「特約法醫師」2 年多期間的表現與同仁們對我的好風評，以實際行動驗證來告訴社會與世人，我的人品究竟是如何。

2009 年 8 月我回醫院從事臨床醫療後，仍然每週一天回基隆署擔任「特約法醫師」，協助法醫室的相驗業務。直到 2012 年 1 月份，依《醫師法》由台大法醫研究所培養的畢業生把法醫室人力補足，我才停止特約法醫師的支援工作。

過去我始終認為醫療人是社會上的菁英，畢竟這群人在能力、思考、自省、自主性等層面極強，又具有悲天憫人，以解除人們的痛苦為職志的信念。在大醫院中，我見過聰明又極為突出的醫師或院長，也看過行政能力極佳的主管。但是進到司法機關的體系中才發現，原來是我的見聞不夠廣闊，其中不乏專精、敏銳與創見的司法官，費玲玲檢察長的用心毅力、前瞻性、行政能力、果決明快，著實叫我這個「行外人」大開眼界。

/ 法醫研究所實習 /

承費檢察長的高瞻遠見，針對基隆署法醫室業務之提升已有所規劃，派我前去法醫研究所做實務學習。檢察長曾經多次提到，目前已是科學辦案的時代，凡事講究事證、物證的科學證據，強調法醫學裡所講的「微物跡證」[3]，古時候用刑求逼供的方式已成為過去，不適合現在使用了。

　　法務部的法醫研究所彙集全國一些需要複驗、解剖或司法上有疑問，亟待法醫專業進一步去釐清或鑑定的刑案，以提供司法官在審判案件的佐證及參考，或藉此判定犯罪與否及量刑之標準。所內鑑定分析與匯整出來的資料，攸關未來案件之審斟參考，其責任與角色分外吃重，因此在司法界是舉足輕重的官方機構。

　　法醫研究所業務上有三個功能分組，分別是血清證物組、毒物化學組及病理組。血清證物組專門做血緣分析、無名屍比對，只能用微量的血液、唾液、精液進行 DNA 分析與親子身分鑑定工作。毒物化學組是應用分析儀器，將刑案現場或解剖採檢送來的微量

檢體做精準的分析，例如使用 HPLC[4]、GC-MS[5]、紅外線吸收光譜儀、各種層析儀或生化儀器進行分析或檢測。無論是微量的跡證或非常微量的毒品或藥物，都可以得到精準的結果，把真相是非找出來。

至於病理組的司法解剖[6]有別於醫院的病理解剖[7]。醫師進行的病理解剖，主要在尋求疾病的致病原因，或從解剖找出病灶病變的顯微變化。司法官所指揮的「司法解剖」，目的在找尋死因及傷痕形成的機轉，企圖還原無人能見的命案現場及事故當時，把被壓縮過的時空重新透過傷痕的解析，藉以還原事故現場真實的原貌。這就是電視上常演的「屍體會說話」，藉由司法的公平正義，協助法官判定責任歸屬與量度罪刑的輕重。

2006 年 9 月初，我開始利用上班備勤日到法醫研究所實習。距離我上次與蕭開平組長[8]見面是在成大醫學院的學生時代，法務部長官隨同南下與公費生見面的場合。

第一天，病理組蕭組長介紹我認識法醫研究所病理組的組織架構，以及它在全國刑事案件中司法解剖、複驗案件與承接司法官委託鑑定案件上的角色。其他的同仁們則是熱情地介紹我認識單位裡所有的成員，幫我安排學習及訓練課程。之後，我大部分的實習時間都待在病理組，進行的實習內容以跟鑑定醫師去做病理解剖、複驗案件及司法官們委託鑑定案件為主。

我跟著這群學有專精的前輩一同出外勤，從事解剖業務，並針對一些由外表相驗仍無法釐清致死原因、犯罪行為或法律責任歸屬相關性的案件給予解剖，以求得到真相與答案。能跟著他們學習法

醫實務，自己頗感榮幸。在別人認為是苦不堪言的公費服務負擔，如今對我而言卻是學習、進階、提升自己醫學視野的絕佳機會。

這群鑑定醫師原本係分屬國內各教學醫院之學有專精的病理科醫師，由法務部法醫研究所徵召約聘前來擔任顧問醫師，分派到法醫病理組去進行鑑定任務，諸如台大醫院方中民、饒宇東、孫家棟、萬芳醫院李偉華、高醫尹辛玲等醫師皆是。

在 2006 年中時，全國各地檢署法醫室裡只有 4 位是醫師背景，唯有台中地檢署的許倬憲法醫師具備法醫病理（forensic pathology）專科，有能力直接進行解剖鑑定的業務。其餘各地檢署法醫均報請法醫研究所處理，依案件輪流指派約聘的顧問醫師到各地檢署解剖室，主持司法解剖與死因鑑定的工作。

這段隨同老師們學習解剖及複驗的案件，如同我還在當胸腔科總醫師時，跟著主治醫師學習看診技巧一樣。這些充滿挑戰性、觀摩性的解剖或複驗的司法案件，讓我學會「其他法醫也看不懂的部分」或「由屍體外表看不出來的問題」或「需要解剖以提供未來法庭上的量罪定刑」的細節。從老師深邃的眼光之中，進入他們思考與判斷的架構裡，從中學習思路與邏輯，慢慢從案件處理中累積經驗。

進入解剖室前，老師在聽完檢方及警方案情（關於死者的背景與案發經過）的描述及問題癥結點後，首重現場的證物、跡證之外，接著會做詳細全面的屍體的身體診察（cadaveric physical examination）。再聚焦到傷部，評估、量度其大小範圍；接著進行體表跡證的採集及大量攝影等等，一切都完成後，下一步才會進行

完整的系統性解剖程序。

這個過程在醫學上的精神或想法，與在醫院臨床上醫生看診的做法是一致的。要先了解主訴問題，從中了解該問題的來龍去脈，接著再身體的理學檢查，最後才是抽血、照 X 光或影像掃瞄等。這個過程結束後，會有個初診斷結果的排行榜出來，再藉由病理切片、鑑識、跡證分析、血清、毒物化學及司法調查等報告綜合起來，進行分析鑑定，以得到亡者的確實死因。

我就這樣持續學習了一整年的時間，歷練過的案件逐漸增加，在法醫圈內認識的人也愈來愈多，可以諮詢、討論、支援的對象也增加了。爾後北三檢（北檢、板檢、基檢）及桃檢的法醫室同仁彼此熟識，經常有機會一起討論遇到的難題，能夠跟隨有志之士們專心投入法醫相驗的工作領域，實為我之大幸。

/ 會說話的屍體 /

$\mathbf{法}$醫師與做臨床醫師是截然不同的兩個領域，很多醫界的師長、前輩、同儕們都很關心，甚或好奇地詢問我剛轉入法醫學科，是如何應付上場相驗（驗屍）的實務呢？一路走來如何調適內心的態度與克服其中差異？這的確是個有意思的問題。

有趣的是，也有人問我有沒有託夢或靈異事件……想來真是電視看太多了。

但有更多的好朋友們問，命案那麼驚悚的場面，「你怎麼敢看啦！」

不可諱言，每個命案的死者無不留下一臉的怨恨、驚慌、不甘心與無奈的表情。在生命結束的那一剎那，同時地在他的身體上與周圍環境，留下了一些有意義的紀錄或特殊的痕跡。法醫師的工作就是把死者身體上這些符號或訊息，轉譯成有意義的科學證據，以利司法官依據辦案。

而將死者在臨死前萬般無奈之下的痛苦與怨恨，以及來不及講

出口的那些話，用法醫的專業為他們講出來，呈報給司法官做為審判的依據，透過判決以司法的公正來為死者申張正義公道，保障其人權，就是我們法醫師肩負的大任。

法醫學易懂難精，在此過程中，我一路上遇到許多幫助我的貴人。

時任基隆地檢署的魏南榮法醫，是我法醫室的工作夥伴，一路走來協助與指導我許多。他是北三檢法醫們的師兄，早年師承楊日松法醫，他在看相驗案非常細心，並有著極為豐富的相驗案例的歷練，國內很多社會重大命案都是由他經手相驗的。光是聽他說這些歷史也增長我很多的知識，有的相驗案例甚至難得一見，令人嘖嘖稱奇，好像在聽各種奇聞故事。而我在業務或法醫書籍上看不懂的地方，他也指導我頗多，事實上，他的實務經驗，有些甚至可以訂正法醫書上的內容。

到法醫研究所實務學習期間，我認識所內一位「隱士」級的相驗高手——前台東地檢署施炫呈法醫，畢業於國防醫學院解剖學研究所。施法醫有著很好的相驗經驗，外加擁有解剖學碩士背景及對「哲學」的造詣，曾經傳授我法醫相驗的技術，即 cadaver 的身體診察（physical examination），這種兼具醫學與哲學思維，非常奧妙，對我個人日後相驗業務受益匪淺。

某日，我當法醫師後獨立單飛作業，外勤相驗有三件案子。第一件是一位中年女性，開著自用小客車直接衝到港口裡的自殺案件，屍體檢查吻合生前落水的體徵表現，口鼻因為肺泡的表面張力素而冒白色泡沫……。再加上港口有監視錄影器錄影，家中留有遺

書：屍體採血做酒精、毒物及藥品分析為陰性，遺書也做了筆跡，比對無誤。

第二個案子是早上，拾荒者在陸橋下發現一具枯骨的案子。死者是住在基隆河畔陸橋下遮蔽風雨，因為白骨化只剩下一具枯骨，推算死亡的時間已長達 5、6 個月之久了。

他身上衣服口袋裡有國民身分證，警方依其身分循線通知家屬從外地前來指認。相驗時白骨陳列在簡陋的床鋪上，外衣及褲子完整尚未腐壞，衣褲上詳細檢查無破損，法醫檢驗其白骨所得的印象（impression）係男性 6、70 歲左右，骨骼完整全無折斷或刮傷。但比較特別的是，他肚子的部位連了一支醫療用的細引流管及集液袋，像是膽汁引流管（PTGBD；percutaneous transhepatic gall bladder drainage），集液袋內有膽汁染色及類似膽汁粉末。

由於身分證的身分親人已到，我剪取枯骨的肋骨與前來指認的子女做口腔抹片的「親子 DNA 檢定」，確定是親子身分無誤。家屬並提供資訊，說是因為疏離了好幾十年，近年聽說他得了膽管癌末期在基隆長庚醫院治療，可能因潦倒之際乏人照顧，在陸橋下住處死亡卻無人知道。

第三案則是設籍在本署轄區的 61 歲高姓男子，獨自一人騎機車到基隆市七堵瑪陵坑山區做禪修，因 5 天沒回家，家屬報請警方協尋失蹤人口。次日，被警方找到時，全身僅穿著一條內褲，坐在溪邊瑟縮著身體，已經斷氣多日，身上出現屍斑，現場身旁散落著外套、褲子等衣物。

高姓男子與兒子同住在基隆市安樂區，定期會到山區做清淨禪

修。6 天前的早上，他獨自帶著飲水及乾糧騎著機車出門，告訴兒子：「要到山上禪修。」從此就與家人失去聯繫。

我在相驗時發現，死者屍斑固定、屍僵仍存在，死亡時間約在 3、4 日之間，特殊鮮紅色的屍斑分布吻合陳屍的姿勢。判斷當時因寒流來襲，基隆山區氣溫不到攝氏 15 度，所以屍體腐敗情形尚不嚴重，口鼻未見蟲蛆。死者容貌呈現「苦笑面容」的無痛苦狀，大腿及手臂皮膚呈雞皮疙瘩狀。全身未見有外傷，手指、手背、手臂、手肘及膝蓋全無外傷。外套、褲子、T-shirt 等衣物全數完整沒有破損。符合於山區禪修遇到寒流來襲，造成「低溫凍死」的意外死亡事件。

看到這裡，一般民間鄉里就會傳說是被山上的「魔神仔」牽引，造成精神錯亂迷失在荒郊野外，引起飢餓和低溫造成死亡。但從法醫學上知道，這是「低溫幻覺」造成的結果，當一個人的體溫降低至攝氏 32 度左右時，中腦的控溫中樞錯亂，患者會以為很熱而開始脫衣服，其結果是加速凍死。由於發生低溫幻覺時，意識已經混亂，所以脫下的衣物會有雜亂散落一地的特點。此案為慎重起見，我當時為死者抽血及眼球液送生化、藥物及毒物檢驗，也都全為無異常。

所以說，在法醫師的眼中，「屍體確實是會說話的」，可以從屍體中去發掘真相！

因著醫者的細心、關懷、同理心，探查、追尋答案的動機，還有為被害當事人或自殺者，以同理心設想所秉持的公平、正義的理念，無形中竟也消弭和化解死者的怨恨與忿怒。

成大醫學院給我的養成教育，就是追求並崇尚人的生命尊嚴，從受胎時起即不容侵犯的根深柢固的理念。臨床上，我見識過醫學中心嚴格謹慎的思考判斷的水平，在檢察署任職法醫師時期，我確實做到實事求是與科學相驗案子的精神。

/ 替死者伸冤，活者護衛的法醫師 /

自從擔任法醫師之後，很多關心的醫界友人對我從事官方特殊的醫學工作甚感好奇，問我如何能克服法醫專業的鴻溝？愛護我的朋友問我說「這種血腥場合，你甘攏袂驚！（你都不怕？）」

還有好奇的人會問，上次離奇破案的有沒有死者來「託夢」？更有親友們從廟裡求保安符來送給我。大家紛紛引用各種民間傳說來詢問我，著實令我啼笑皆非。

當然，也有人很不禮貌的問我：「相驗案件死亡原因是不是都照著檢察官的指示寫的？」都讓我直搖頭。堂堂的法醫學科，一是醫學上正規正矩的醫學分科，一是為司法保尊嚴、為社會人民保公道正義，也是醫學上最特殊用途的科別，竟然被外界如此誤解。

或許案件加上司法偵查不公開的原則，讓法醫相驗或解剖案件，蒙上一股神祕面紗。又合併著神鬼傳奇的色彩，以致法醫這個工作，在社會民眾的印象中，多了許多穿鑿附會的傳說。

由於醫學的萬用與生命的特殊性，人的健康或是疾病醫治，是

由醫院學有專精的醫師來進行診治或判斷病死原因。但是遇到非病死或非自然死亡者（他殺、意外、自殺）的死因裁定責任，就落在執掌公權力的司法官身上，由他們來釐清他殺、意外、自殺案件的刑責與相關的責任歸屬。

「獄事莫重於大辟，大辟莫重於初情，初情莫重於檢驗，蓋死生出入之權輿，幽枉屈伸之機括，於是乎決法中所以通。」這是南宋宋慈在《洗冤集錄》所寫的序言[22]，點出了死亡原因的不察，不僅難為死者伸冤，更會造成活人的冤獄，可見法醫的重要性，更是一個國家人權的象徵。

我在法醫室的工作職掌，就是獨立的用醫學知識做判斷，來協助司法做公正的裁決，這是司法需借重醫學的地方。我國現行的司法體制中，偵查權的主體是檢察官，法醫師則受檢察官的指揮、授權，或委託來執行法醫相驗、解剖鑑定、驗傷、法庭上人身檢查、諮詢、司法文件的審查等相關業務。

傳統觀念認定法醫學科就是驗屍、就是解剖，其實這只說對了一部分。除屍體之外，法醫學科的部分業務是活體對象的相關檢驗，主要用來解決法庭上的犯罪問題、民事糾紛、傷痕的檢驗鑑定、人身身體檢查與採取檢體。此外，對於惡性傳染病、天然災害、集體中毒、藥害的發現與預防，也都扮演著重要的角色。

我於服務期間經常執行法庭上的驗傷、採集檢體、人身身體檢查、受司法官指揮審查醫療書證與醫學諮詢。當然眾所周知的是，法醫師大部分的業務是在協助檢察官伸張公權力，以「替死者伸冤，為活者護衛」（To speak for the dead, to protect the living）的

屍體進行相驗業務。

　　我訓練臨床學科在先，訓練法醫學科在後。但是在法醫執業的日子裡，我發覺相驗屍體與看病的邏輯思考基本上是雷同的，唯二的差別在於，法醫的「當事人不會說話」及狡猾險阻更多。它們同樣的也是利用 history taking（病史詢問）加上屍體上 physical examination（身體診察）所見到的 signs（徵候），及屍體相對於周遭環境所形成的死後變化，依序列出鑑別診斷，據以呈報檢察官以利進行司法偵查，並判定死亡原因與死亡方式。若仍無法決定死因，則安排解剖或複驗的程序，且檢察官會發動偵查。

　　我在擔任法醫師期間，每每遇有他殺、意外身亡、或是非常不甘心的自殺，場面都驚悚非常。警方封鎖線內的現場跡證得保持完整性與詳細採檢不說，事實上，這些案件的死者之容貌多半非常難看，滿臉的不甘願，甚至有著責備世人的憤懑。

　　S 檢察官因為與我很友好，事後曾經開玩笑說：「林法醫你很勇敢，指示你去的案件，你都勇往直前不懈怠，相驗看到很仔細、很徹底。」他問我，剛才我看到那一位「死者的容貌煞氣騰騰的，你甘袂驚（你難道不怕）？」

　　我則是照實回答：「真的，你說的沒有錯，我也是既謹慎又緊張到汗衫背都濕了！」

　　話說那位被砍了 20 幾刀的女性死者，臉孔真的滿是驚悚與怨恨。幸好在檢察官們都帶有「官印」，保護了我跟鑑識刑警，讓我們從來無恙。檢察官則是笑說：「你們這些念醫學院的人真是厲害，根本百毒不侵！」

不可否認，法醫學是一門比較深奧、易懂難精的醫學專科，精通它的人比醫院的臨床醫師還要少，在社會上猶如鳳毛麟角很稀罕。主流的法醫學科及法庭講究的是「科學辦案」，反對託夢、發爐等神怪傳奇之說，法醫師當然更不如法師或道長，可以神來一筆直接破案。

說實在，之前我從來沒有想到，穿著白袍的我會在公費服務中，由監獄醫師轉任為法醫師，在檢察官指揮下，一同前往，進到檢警的封鎖線內來執行公務。在這些被害者、被殺者，甚至是毀屍的情況下，有時往往只剩下屍塊或白骨，在外人看來是毛骨悚然、不寒而慄。

但只要轉念一想，這樣的勤務組合，是由執掌公權力的司法官、鑑識刑警與醫學專業的法醫師所組合而成的團隊，是為司法正義、公道人心在進行征戰與搏鬥，氣場又瞬間強大起來。

不可否認，命案現場總是緊張萬分，而且多半會遇到「事實是被遮蔽與修飾過的」，外表看起來很平常，但必須步步為營，抽絲剝繭，才能從迷霧中撥雲見日，找到蛛絲馬跡。對我們而言，由於是公權力所授權，還有完成任務的使命感與勇氣，專業絕對凌駕在迷信與禁忌之上。

/ CSI 犯罪現場──台北 /

從2000 年 10 月開始播映的《CSI 犯罪現場》（*Crime Scene Investigation*）是一部廣受歡迎的美國刑事系列電視影集，播映時在全球創造極高的收視率。民眾好奇於平常他們不曾見過、甚至難以想像的犯罪情節。犯罪者以極高的犯罪智商加上縝密的犯案規劃為起點，收場時則以法醫學的超高智能，夾帶著刑警的尖端鑑識科技，其所建構出來的離奇曲折的破案故事，無不讓觀眾們拍案叫奇。

本篇以「CSI 犯罪現場──台北」為名，顧名思義，就是台北版的 CSI 犯罪現場。在此，用 5 個我曾經手的案例，來說明法醫學科的精巧。故事的答案經常是一開始被犯罪者的陰謀所躲避隱藏，所幸在精細的法醫檢查及精準的刑警鑑識通力合作，終於順利破案，使得犯法者受到法律制裁，正義得以伸張，死者含冤得以昭雪。

死者的瞳孔裡留著加害者身影，叔叔伏法

　　某日相驗案的主角是一名 16 歲女性，下午時間在洗澡中猝死於自家浴室裡。因洗澡逾時 1 個多小時沒有出來，父母及家人在門外呼叫一陣子沒反應後就破門進去，才發現女兒已經倒臥在浴室的地板上不省人事，立刻打電話叫 119 前來救助。但在 119 到達現場時，她已氣絕多時，完全沒有生命跡象。

　　由於死因不明，所以警方即刻報請地檢署進行司法相驗以釐清死因。

　　刑警隨即在案發現場拉起封鎖線，待檢察官到場後指揮偵查。當檢察官率刑警與法醫抵達現場後，刑事偵查隊發現案主在洗澡中，陳屍自家浴室裡，現場擺設完整、沒有被破壞或打鬥痕跡。而她家浴室唯一的門，開在自家廚房的餐廳裡，小小的浴室窗戶在高位處，人爬不進來。家裡熱水器放在屋外，廚房瓦斯爐開著，案母正在廚房烹煮晚餐，一切正常無恙。事發當時，案主父母及弟弟（15 歲）全都在家中，整個下午沒外人進出家中。於是一氧化碳中毒、外人入侵殺害的可能性已經排除，但死因仍然是未知。

　　在相驗前，我已經得知這是一個全家都弱智的家庭，案女失學近 3 年，平常在家裡幫忙做市場的小生意，無與人結怨或糾紛。案女無疾病史、無前科、無藥物史、無開刀史、無過敏史，香菸、檳榔、喝酒全都沒有。

　　我於相驗時發現，案主雖屬弱智，但是外表身材勻稱且清秀。整個身體、頸部、軀幹及頭髮下的頭皮全無外傷，舌頭無咬傷，四

肢手腳無異狀或傷痕。

唯一比較特別的是雙側瞳孔不等大小（右瞳孔／左瞳孔，8mm/4mm 大小），而處女膜上 1 點鐘、5 點鐘及 11 點鐘方向分別有陳舊性的裂傷。此時，我即刻進行陰道分泌物的採檢、送驗精液反應[9] 與 DNA 檢測[10]。雖然相驗完畢，案主死因仍不明朗，我繼續詢問家裡智力比較正常，仍在學的弟弟一些問題。

「姊姊最近有沒有什麼不一樣？」

「姊姊事發前幾天有走路不穩、倦怠和胃口差、及抽筋（癲癇）過兩次。」

「抽筋兩次有送醫嗎？抽筋時有跌倒撞到頭部嗎？」

「沒有送醫，也沒有跌倒撞到頭部。」

「有沒有發燒？」

「沒有量，不知道。」

「能不能講一下最近兩、三個月的情況？」

「大約兩、三個星期前發現懷孕，爸媽帶她去做過人工流產。」

「有回診追蹤嗎？」

「沒有。」

「（因為只有 16 歲）有男朋友或知道懷孕的對象是誰嗎？」

「她很少外出，也沒有男友，我們對懷孕的事不清楚！」案母困惑地回答。

我報請檢察官，因案情上係為做過人工流產及雙側瞳孔不等大小、步態不穩、癲癇兩次，需安排解剖以釐清顱內或腹部內病灶，

才能進一步判斷真正死因。並請檢察官調閱醫院急診病歷和做人工流產的婦產科診所病歷。

解剖當天，仍是全身沒有外傷，不過發現非常特別的是，死者在腦內、肺內、肝臟內均有多處膿瘍，及子宮內有殘存不完全流產的胚胎殘片。死者身上的血液及生化送驗數值：白血球 26000/mm3（4800-10800/ mm3）；CRP 37 mg/dL（<1 mg/dL）；血小板只剩下 37000/mm3（150000-400000/mm3）；電解值正常；肝指數 AST 79 U/L（10-40 U/L）；ALT 61U/L（10-40 U/L）；腎指數 Crea 1.9 mg/dL（0.7-1.5 mg/dL）；BUN 58 mg/dL（6-22 mg/dL）；HbCO 1.6%（<3%）。毒物、藥物反應全為陰性。

之後的解剖鑑定報告為：人工流產後的併發全身感染症致死的案件。係因人工流產後，未依醫師囑咐按時回診追蹤治療，造成敗血症引發死亡。不完全流產的殘存胚胎片斷的 DNA STR 報告也出來了。檢察官偵查所得嫌疑人及科學上胚胎的 DNA STR 鑑定[11] 報告佐證身分，而突破犯罪者心防：性侵害死者的犯人竟是經常進出家中父親的結拜兄弟。

這個是法醫詳細相驗、解剖鑑定，精密的 DNA STR 鑑定，及檢察官鍥而不捨的偵查，犯罪者只得伏首認罪的案例。

古惑仔離奇猝死，身上奇特防禦傷揪出殺人群黨

一名 20 歲出頭的年輕男性，有幫派的背景。前一天起因頭痛及嘔吐、倦怠、昏睡，隔天雖有送醫但仍不治死亡。檢察官率領刑

警及法醫前去相驗時，家屬三緘其口不願多說，只說一天前曾經有跌倒撞到，其他沒有什麼異常。基層警察則說不清楚，只表示接到報驗才知道這個案子。事情發展到這裡，眾人把目光看向我，彷彿在等我開立死亡診斷書，就可以把死者直接送去火化的樣子。

我在相驗做大體的身體診察時發現，這位年輕男性雙側前臂外側及身體的上背部均有防禦傷[12]及突出部位有擦傷、鈍挫傷，還有膝蓋及手掌上有著因為磨擦所形成的刮傷，極像是在地上「爬行」所造成的傷痕，成傷時間[13]在 2 到 3 天左右，雖吻合於發生頭痛昏睡的時間點稍前，但與家屬所講的「只有自己跌倒」完全不吻合，因為跌倒不可能造成如此的傷痕。

我將這些異常的發現，呈報給承辦的檢察官，並請諭令解剖與進行偵查。

解剖時發現該死者大體頭部有硬腦膜下出血、蜘蛛膜下腔出血；頭皮、四肢及背部多處皮下挫傷瘀血，係「他為」所產生的。他膝蓋上及手掌上因為磨擦所形成的刮痕是生前在地上「爬行」過後所留下的擦傷。由他身體上的傷痕顯示：他生前在月黑風高的暗夜裡，曾經因仇隙遭受群黨眾人的凌虐毆打，事發當時他無處閃躲，無奈困苦哀嚎地在地上爬行所留下的痕跡。同時檢驗報告傳來，死者血液及生化顯示，有嚴重的橫紋肌溶解症和急性腎衰竭，在在顯示死者是遭受到外力的毆打及棍棒頓挫傷致死的。

隨後檢警循各種管道，終於找出殺人的群黨。並查出係幫派的恩怨、利益的糾葛所埋下的仇隙。

火災現場凶殺案，現場救出的人身上有「他為」的穿刺性傷口

2007 年 12 月的某個中午，傳來轄區分局呈報的相驗案子，係由 2 個小時前，基隆街上公寓民房的 3 樓傳出火警。由於警消火速救火，儘管屋裡濃煙密布，所幸未波及隔壁或樓上、樓下住戶。家裡其他人都因上學、上班去了，驚險逃過一劫。起火原因正由檢方、警消調查釐清中。

過程中，警消救出一名被濃煙嗆傷的 43 歲男子，救出時已無生命跡象，但仍送到醫院急診室進行急救，看看是否還有生還希望，可惜在急救 30 分鐘後仍無生命跡象出現，只得終止急救，宣告回天乏術。

此時檢察官率領法醫、刑警前往醫院相驗大體，完畢後再前往火災現場勘察。我在公務路程上心裡瀏覽著，即將相驗一個被火燒死的死者大體，應該要注意的事項，以及可以看到的徵象。

相驗大體時，我發現死者臉部非常蒼白，像是貧血的樣子，而且身上沒有明顯的燒燙傷。更奇怪的是，他的鼻孔內居然沒有吸入火災燃燒的黑炭渣，反倒是他的右前臂外側有兩道抓傷痕，另外左後背部有兩個穿刺性傷口，分別是 2.5 公分及 3.4 公分長度，這兩個穿刺性傷口均位於左肩胛骨下靠近脊椎的地方。

起初，我以為是急診醫師在急救時，因為發現左肺氣胸才置放醫療性的胸管 [14] 所形成穿刺性傷口，但發覺放胸管的位置又像是沒有經驗的「菜鳥醫生」才會做的事。於是我請當時急診室負責急救的杜醫師前來討論急救時的情境，然而醫師否認有放置胸管的事

情，只是單純進行 CPR 壓胸、插管、給急救藥物、challenge 生理食鹽水[15] 而已，急救共進行了整整 30 分鐘。

這時我才驚覺不對，這兩個穿刺傷的部位係「他為」造成的，顯然這不是一個普通的火災嗆死人的案子！我即刻報告檢察官這個麻煩的發現，檢察官隨即諭令保持火災現場的完整性，並指揮鑑識刑警前往待命。

因為急救時把衣服脫光光或剪掉，死者大體是赤裸的。我請刑警及急診室的醫護人員找尋死者送到急診時所穿著的衣物，從汙衣筒找出死者的內衣、外衣及褲子、鞋子，果然發現死者衣服的左上背部有相對應的整齊穿刺洞口，係由銳器穿刺形成的，而且衣服及褲子布滿血跡，顯而易見，死者的穿刺傷口屬「生前傷」[16]。

檢察官在掌握這些情況後，隨即展開偵查，並指揮鑑識刑警在火災現場進行蒐集跡證。由於當時警消火速進行滅火，現場留下的血跡及證據仍未完全被火燒掉，地上的血跡及牆壁上的血液噴濺痕跡與死者的血液吻合，證實火災現場就是命案的第一現場。

現場發現地上有一把死者自家的生魚片刀，但是因為火災燒烤過，鑑識刑警採不到指紋了。由屍僵、屍斑、屍冷[17] 來推測死者死亡時間，就在前 4、5 個小時左右。死者右前臂外側有兩道抓傷痕，分別為 5.7 公分及 11.4 公分為生前的新成傷。同時他的右手中指、食指及左手中指指甲內留有表皮血跡的異物，我將指甲剪下來送 DNA 分析。稍後的司法解剖證實，死者氣管內並沒有吸入火災燃燒的煙塵或炭渣，推測火災發生時死者已經氣絕了！也就是說，住家在發生火災之前，已經先發生了凶殺命案。

至於位於左肩胛骨下、靠近脊椎地方的兩個分別是 2.5 公分及 3.4 公分長度的穿刺性傷口，深度分別為 6 公分及 8 公分的深度。係單刃、前端尖銳[18]的生魚片刀穿刺形成的，穿刺傷口吻合於現場地上遺留的生魚片刀。其中一刀經過肺臟刺到心臟，另一刀直接刺到心臟的右心室，形成血胸與心包膜積血致死。

至此可以證明，這是一件他殺致死的案子，而非火災現場遭濃煙嗆死的人。

當天的稍晚，檢方掌握的情資、證人、通聯均指向死者的弟弟涉有重嫌。因為兄弟兩人從去年父母相繼過世後，在分配財產上時有爭端，一個多月前更曾為此打起架來，並互告對方傷害。

檢察官在開庭之時，弟弟極力否認涉案，並說今天外出辦事根本不知情。他更指出哥哥有憂鬱症，並且曾經割腕自殺過多次，今天應該是他又想不開，放火燒房子來自殺吧？背部的傷口應該也是他自己拿刀子刺的吧？他一口咬定，哥哥就是自己下決心尋死！

但無論弟弟如何地辯駁，法庭上，奉檢察官指示，要我檢查弟弟的身體傷痕，發現在其右頸部及左上臂有新的抓傷痕跡，成傷時間在 24 小時以內。另外，我也採取了他的手指甲甲溝的汙物做了 DNA 分析。

次日，兩件 DNA 分析報告出爐了。證實弟弟的甲溝裡有哥哥血液的血漬反應與哥哥血液的 DNA；哥哥指甲裡的汙物進行 DNA 分析，結果是弟弟的皮膚組織 DNA。加上火災發生前 2 個小時，路口的監視錄影機錄到弟弟騎著機車來找哥哥，以及離開後才發生火災；再加上鄰居聽到該住戶火災前曾有大聲吵架的聲音傳出，眼

看所有證據的指向都對自己不利，弟弟才坦承犯案。

弟弟表示，當天在分配財產上，因為意見不合再次吵了起來，哥哥在言詞上徹底激怒了他，所以憤而到廚房拿生魚片刀想要教訓他。沒想到拉拉扯扯之間，雙方的肢體衝突愈演愈烈，於是他在情緒失控下往哥哥背部狠狠刺了兩下。

殺了哥哥後，深怕法律刑責追究，因此故布疑陣放火燒房子，企圖製造失火的假象，目的是一把火燒掉哥哥的屍體及證據，以求脫罪。

老人在市公車內「意外」跌倒身亡，司機挨告

某客運市公車一如往常的忙碌接駁市民與乘客，事發當天的時間點恰巧剛過完農曆正月 15 日。那天早上卻是多了一件家屬提告的相驗案件，原來是一位 81 歲老先生在公車上意外跌倒，送醫不治。家屬憤恨不平，到地檢署控告市公車司機不當駕駛，才導致他父親跌倒身亡。

事情的經過是，老先生一如往常，要到坊間市場買菜回家烹煮，按完下車鈴後，從博愛座起身之際，隨即往前仆倒在公車地板上。公車司機見狀上前查看，發現老先生已經斷氣，隨即進行 CPR 予以急救，其他乘客則用手機幫忙打 119，送到區域醫院急診救治後，仍宣告回天乏術。

相驗開始前，我問死者家屬一些問題。

「老先生有什麼病史？吃過什麼慢性病的藥？當天出門前有無不適？欲搭公車到哪裡呢？」

「高血壓、糖尿病、高血脂症及兩年多前小中風一次，但是都有按時到醫院回診及吃藥控制。今天早上並無不適，父親一如往常，例行性到市場買菜回來煮飯。」家屬回答。

我在相驗時發現，死者左側額頭有一個 2×3 公分大小血腫併表面擦傷：臉部及上頸部非常的充血，兩耳有「耳垂摺線」（Frank's sign）[19]，似乎隱含著心血管疾病導致死亡之因素。由於事關多人的責任，又關係到訴訟與保險，還有家屬的憤恨不平，於是我報請檢察官，請檢座諭令解剖以釐清死因真相。

解剖時發現，老先生左側額頭只是皮下 2×3 公分血腫，並無硬腦膜下出血或蜘蛛膜出血（意指沒有創傷性腦出血）。反倒是他的冠狀動脈有粥狀硬化及在左前降支動脈（left anterior descending artery，簡稱 LAD）有血栓堵塞，病理切片呈現血栓堵塞了 90%。另外死者血液檢查異常的有心肌酵素升高 CK-mb 74 ng/mL（0.1-6.3 ng/mL）；Troponin-I 143.6 ng/mL（0-0.034 ng/mL）；BNP 4500 pg/mL（<100 pg/mL）。肌酸酐（Crea）2.7 mg/dL（0.7-1.5 mg/dL）。解剖鑑定報告為：急性心肌梗塞併心因性休克致死。

至此終於還給公車司機一個清白，家屬也安心了，確定並不是一個「意外」的跌倒事件，才導致他們父親亡故。

基檢憑人工關節找到殘屍家人

▶ 引用自：自由時報 2009-1-11 記者林嘉東／基隆報導

5 個月前，在基隆嶼打撈的一塊已腐爛的左腳掌及右大腿，竟在檢察官、法醫、書記官 3 人的追查下，靠著連接在右大腿內的一根人工髖關節 [20]，再從 3,000 筆，裝有同型髖關節、年紀相仿的婦人中，查出死者為 70 多歲的林姓婦人，終於得以在農曆年前，替這具無名屍找到家人。

去年 7 月 29 日下午 12 時 35 分，岸巡人員正準備吃中餐時，發現島上岩壁上有一塊被海水泡得腐爛，還露骨的左腳掌，接著又在不遠處找到另一支連著部分髖骨的右大腿。

基隆地檢署承辦檢察官李豫雙率法醫師林啓嵐相驗後，將採得檢體送比對未果；為釐清死者身分，李豫雙又帶著法醫解剖，結果在大腿內找到一根人工髖關節，林啓嵐在拍下髖關節的外觀、型號後，請骨科醫學會的助理陳鈺勤協助找尋，研判只要找出是那家公司進口的人工髖關節，就可找到使用人。

不料，事與願違，由於死者所裝的 CORIN 人工髖關節，早在10 多年前就不再進口，當年引進該款人工髖關節的裕強生技集團也因搬家，並未留下使用人的個資，讓這起尋人任務，陷入膠著。

李豫雙不死心，另謀他法，由於裝人工髖關節，健保局有補助，應該有使用人的個資，另發函給健保局，不料，符合女性、裝

有人工髖關節的多達 2,968 筆。林啓嵐再函文給骨科醫學會希望陳鈺勤 [21] 協助確定是哪種型式的人工髖關節後，再從中篩選出符合女性、老人、右側人工髖關節、雙極式人工髖關節組者，共有 51 人。

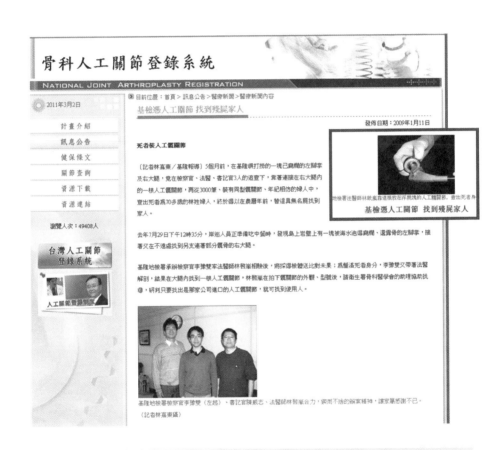

▶ 資料來源：自由時報「基檢憑人工關節找到殘屍家人」的報導，在 2011 年被衛生署骨科人工關節登錄系統網頁引用刊登。https://news.ltn.com.tw/news/society/paper/272540

但健保局提供的 51 筆資料，只有身分證號碼，李豫雙於是找來書記官陳威志，上警政署網站逐一比對在基隆失蹤人口，可惜未比對出目標；後經警政署戶口組警員劉坤旺協助比對，才找出 1 筆相符的資料，經找來死者兒子採口腔 DNA 比對後，才證實死者為 21 年次的林姓婦人。李豫雙開心的說，能在農曆年前，替死者家屬找到失蹤多日的親人，再辛苦都值得。

我在法醫師服務期間，基隆署相驗案件平均大約有 12％左右的比例報請解剖。相驗所得異常的資料都呈報給檢察官，凝聚成檢察官諭令解剖和啟動偵查的決策，企圖讓冤屈不白得以昭雪、狡猾犯罪者無所遁形。

法醫師用醫學的知識與角色協助司法官以科學來辦案，讓死者安心、生者無憾，讓司法的威信更足以伸張，達到穩定社會秩序、令人民安心的目標。

/法醫與修復式司法/

法醫室只受檢察長和檢察官指揮辦理業務，完全沒有地檢署以外的工作。業務上，檢察官們雖然對法醫師的授權給與很大的信任，但是在我國的司法體制中，檢察官才是整個司法偵查的主體。

法醫室的業務對內不對外，平時冷清的法醫室，某天卻是反常的出現一位陌生人來敲門，原來是最近幾個月經常到地檢署門口舉白色布條的先生，今天竟然跑來法醫室敲門。當時我向他表達法醫室沒有對外服務，但他仍不放棄，向我道出內心的糾結與傷痛。

他說：「從其他管道得知，林法醫您既是法醫師又是臨床醫師，我所遭遇的問題，相信只有您才能體會。我真的很誠懇地請問您幾個醫療問題。」

這位柯先生 68 歲係男性退休公務員，他自訴是本署審理中某醫療糾紛案的告訴人，案由是跟他相依為命的 92 歲老母親，在台北某醫學中心因疾病治療後仍回天乏術。他對老母親的過世非常

糾結與不滿，在辦理完母親喪事後，即對當時在第一時間、位於市區的某區域醫院急診室經手處置的醫師，提出「業務過失致死」訴訟，認為醫師係第一時間醫療處置不當，才造成他母親的不治。

故事的起頭是因為柯先生92歲的年邁母親，在去年過完年後，即因發燒、食慾不振、便祕4天、全身倦怠被送到市區的區域醫院急診室，因為送到急診時已氣息薄弱，瀕臨呼吸衰竭，所以急診醫師給予進行插氣管內管（俗稱：插管）及一些醫療處置，並將她轉到加護病房繼續治療。

無奈，病況仍繼續惡化需要洗腎，這位孝順的獨子接著就將母親轉院到台北市的某醫學中心接手治療，期盼老母親能痊癒。奈何天不從人願，他高齡的老母病情仍未見起色，並持續惡化，在4個月後撒手人寰。

柯先生堅信是「插管」這個錯誤的處置才導致他母親的不治。想想老母親只是便祕、近日身體較虛弱而已，怎麼會看病看到一命嗚呼？早知道不送醫院治療就沒事，送醫反倒送命了。這位孝子十分糾結，遲遲走不出喪母之痛，也一直責怪自己做出送醫的錯誤決定。接著他問我說：「請問林醫師，這個插管是不是必要的？插管為什麼會導致多重器官衰竭？」

由於檢察署有發言人制度，而且該案有承辦的檢察官，法醫室對外發言或表達立場都是不妥的。況且我深知，法醫師的工作是對本署內的，非本署以外，更忌諱對外任意發言，違反了「偵查不公開」的原則或是擾亂司法。所以，當天我只能用同理心聆聽他的敘述，接著問候他退休幾年了？退休前的工作是什麼領域？最後，我

請他下週帶伯母的病歷摘要及診斷書過來給我看，試著用一個臨床醫師的角度，去解答他的疑問。

他離開後，我的心中陷入一個沉思與長考，想到如何在不干擾司法的情況下，做到醫師的社會責任與職業道德？又同時能化解他心中的怨恨？當然如果要免去麻煩，我可以直接推說偵查不公開、我不是司法官而且法律我真的是不懂、這個不是法醫的職掌範圍……我有上百個理由可以拒絕回答，但是這樣做的結果，就是他們兩造的怨恨將永遠存在這個社會上。

在多方考慮之後，我在當天就將柯先生來法醫室詢問的事情，對承辦該案的 R 檢察官陳述，並且說明我沒有規避這個麻煩事情的原因。事實上，早在半個月前，承辦該案的 R 檢察官，已經交待書記官將告訴人柯先生的醫療糾紛訴訟案卷宗，送到法醫室來，要我閱讀並且協助釐清幾個相關的醫療處置上問題。

我詳細地閱讀病歷，有關告訴人柯先生提告的「插管」治療的處置，這個癥結點前後的病人臨床狀況、當時的診斷與檢驗或影像的實際情形，心中對這個醫療程序也清楚了解它的來龍去脈。只是柯先生來拜訪的當天我不能表示知情，更不能拿著讀卷宗的所知來作發言宣告，只能默默地當一個忠實的聽眾。

在公職服務前，臨床工作上，我也經常在幫瀕臨呼吸衰竭的病人進行插管，我深知醫師們在處置上的必要性（indications）及家屬端面臨的無奈與糾結。過去因為民眾教育不普及，以及醫師很少、很稀罕，醫師可以用「宣告式」或「威權式」的態度告知家屬病情，但是今天的社會正好相反，民智已開、醫師也多了，網路

資訊充斥，需要詳細的病情告知與「決策共享」（shared decision making），才能杜息家屬端的疑慮。

該案看來看去，插管的必要性是充分的，但是插管前的病情解釋與風險告知顯然不夠充分詳細。更不幸的是，因為腸阻塞引發菌血症，他母親即使接受插管及加護病房的密切照顧，仍然朝著多重器官衰竭的路線發展，終至造成這位孝子心中的糾結與怨恨。

我回想跟柯先生對談的過程，印象中他這位天主教徒有著我們傳統文化的固執與堅持，雖然他自己曾經心肌梗塞過，體格已經不是很好了，應該要頤養天年，但仍為母親的案子飽受折磨及失眠之苦。來訪當天他曾經表達，如果法律沒有給他「一個公道」，他絕對要用死來表達對這個社會的抗議，要直接去跟母親團聚。

一個星期後，柯先生帶著老母親的病歷摘要及診斷書來檢察署法醫室給我，並詢問我意見。我拿出預先準備好的、自己手繪的一張大卡片，上面從柯先生母親的角度，寫下幾個勉勵他的字句：「交託天主並放下心中重擔，仰望聖神帶領，人生得享健康快樂圓滿平安。」請他帶回家放在母親牌位的供桌上，聊表我這個晚輩對她的心意。

接著再完全依照「出院病歷摘要、診斷書」，用醫師的角度來解答他的疑問點，完全不涉及卷宗的資料或檢察官對我提問的內容。即急診醫師已經做了最盡忠職守的處置，並且用病歷中的數據解釋給他聽，但是高齡病人本身的脆弱性（fragibility）與病情上的不確定性，終至發生柯先生最心痛的結果。

我說：「插管是必要的，不插管也會發生多重器官衰竭！」話

說到這裡，柯先生突然下跪表示感動和感激，我則是上前扶起他。

接著，我把承辦該案的 R 檢察官提供給我的意見，陳述予柯先生，採取類似修復式司法[23]方式，由雙方律師先行聯絡，安排被告的急診醫師，當面把插管當時的情境與決策的理由講給柯先生聽。讓醫方與病家再一次互相了解一番，把插管前的一些溝通重新補強，如此這個「業務過失致死」的訴訟自然就鬆動了，這位孝子的糾結也可以放下，回歸他正常的生活。

果然在兩造面談對話之後，告訴人柯先生同意原來的醫療糾紛案改聲請調解委員會調解，之後他再也沒有跑來地檢署門口舉白色布條了。

雖然醫學與法律分屬非常不同領域的專業知識，也分別有各自的思考原則與邏輯，但在維護「人的生命尊嚴」的目標之前，則是完全一致的。醫學人負責增進人的身體健康與心靈保健，法律人掌理的是人的行為與社會的秩序。當醫學證據用來提供給予法庭做為司法裁判的證據時，兩者則是密不可分的，這是醫學與法律攜手合作共謀社會安定福利的地方。

另外，在地檢署服務期間，每當遇有外勤相驗時，檢察官會督率刑警、偵查隊、法醫前往警方封鎖線內或刑案現場進行司法相驗。公務車都有一段行程要走，這種由法律人與醫學人組成的隊伍也頗為獨特。因為專門與所學全然迥異，每當圍繞著公務討論之時，言談之間彼此有異向空間交錯之感，所以承辦公務時所激發出來為民服務的思維彌足珍貴，這對在醫界象牙塔服務多年的我來說，有耳目一新之感，連帶著對我日後人生歷練與見識也增長了許多。

/ 醫師與法醫師 /

　　日治時代的臺灣就已立下了很好的醫學與公共衛生基礎。日本人擔心干擾殖民統治的穩定性，因此不鼓勵臺灣人去研究法律、政治或是財政金融，而是鼓勵臺灣人去從事醫療工作。

　　這種情形即使到了光復以後的臺灣，回到中華民國的統治仍然沒有太大改變！起因於二二八事件及其後的「清鄉運動」[24]，大量的台籍本土精英分子一夕之間，幾乎全數殞落殆盡。悲慟之餘，長輩們再也不願意自己的子女去念法律政治或財經了，深怕政治理念所帶來的殺身之禍。相反的，父母親們喜歡自己的子女去念醫學，不但具備知識懸壺濟世，又可照顧家人健康與生活。在這樣的時空背景下，形成醫生的地位較為崇高，且有較好的經濟收入，這種觀念至今仍深植於臺灣人民的心中。

　　醫科或醫學系名列「第一志願」的盛況，在臺灣已持續超過一百年仍不墜。過去教育還沒有多元化之前，高中生選讀醫科經常是來自於上一代的典範、啟發、提示、期望或是誘導，從而走上學醫

之路。殊不知，從事醫業跟做其他行業有著極大的差異：不但需要更多的奉獻，對社會需有更大的服務性、對人需更富予愛心與熱忱，而且也還要有更大的耐心與同理心。因此，習醫並不輕鬆，不但工作上曠日費時，更需在假日及夜間值班照顧病人，不能陪家人，所以有「良醫多自苦中來」的說法[25]。

臨床醫師就在這樣的歷史與社會背景之下，背負著家人期望，並頂著被社會推崇、高尚的地位，受民眾尊敬與擁有豐高的收入。反之，法醫學科的法醫師看的是屍體、是死人，經常受到親戚朋友的鄙視，待遇不好又要受到太太的抱怨，而且相對地沒有臨床醫師的崇高地位與高所得收入，形成長久以來願意走法醫學科、成為法醫師的人幾乎是寥寥無幾的窘境。

但是不可否認，法醫學科確確實實是醫學領域中，很重要、很特別的一個專科。

在《法醫師法》施行之前，曾經聽說過有某位優秀的女性法醫檢驗員[26]，不論學識、經驗、工作熱忱都非常優異，竟因她婆婆不喜歡她接觸屍體的工作，擔心死者的鬼魂跟隨她回家，轉而做內勤檢驗工作。

我也聽過某醫院的病房，在檢討病房死亡率偏高的問題時，醫護及行政團隊竟歸咎於他們的主治醫師兼任地檢署榮譽法醫師的工作，因帶晦氣才引起病房死亡率偏高。乍聽之下真是令人啼笑皆非，簡直巫醫不分！試想，台大醫院有法醫學科，為何還是臺灣龍頭級的醫學中心？

另外，國內迄今凡遇重大社會刑事案件，優秀精巧的法醫師及

刑事鑑識小組正在進行科學辦案、埋首案情的抽絲剝繭時，新聞媒體或是社會人士則已經在節目上或各種平台上，以靈異鬼神託夢之說大發言論，遺憾的是竟還有廣大觀眾追逐著。一個堂堂正正為社會主持公道的醫學學門，為人止冤白謗的法醫學科，竟是如此被社會漠視、炒作與誤解。

大家都知道，臨床醫師的專精與嚴謹，以及臨床醫學思路上一絲不苟，按照原則積極和細膩地去照顧病人才能成功達陣。所以在臨床上，有胸腔內科醫師，藉由病人的咳嗽、產痰量、運動會喘等症狀，加上抽菸的歷史，在診斷出慢性阻塞性肺病（COPD）[27]後，給予運動、肺部復健、吸入性藥品的處方治療，令其恢復正常的工作能力與社交。

此外，在醫學研究上，例如 2018 年諾貝爾獎得主日本學者本庶佑（Tasuku Honjo）與美國學者艾利森（James Allison）兩人分別發現 T 細胞上的兩個蛋白質受體「PD-1」與「CTLA-4」[28]。臨床上，使用這兩個蛋白質受體的阻斷劑，可以讓免疫細胞不攻擊癌細胞的「煞車」功能失去效用，為癌症的「免疫療法」帶來重大性突破，而發展出抗癌新藥造福世人。

外科醫師操刀執行各種手術的妙手回春，彌補了先天的缺憾及命運的為禍，來達成救人濟世的理想。

同樣地，法醫師引用死者屍體上遺留下來的「痕跡」做死因的診斷工作。在這過程中，運用大體解剖做組織病理分析、血清、DNA STR、微量毒藥物的分析、微物跡證等等，用醫學來協助司法辦案，彰顯社會秩序與人權。

法醫師除了受司法官指揮授權在法庭上驗傷、審閱卷宗資料之外，有一大部分時間是在做司法相驗的「死因鑑定」工作。這種死亡原因鑑定中的鑑別診斷所需要的謹慎精密、積極迅速，與臨床醫學的基本精神是有過之而無不及。相驗時檢查死者大體，依所發現身體上的各個徵象，運用醫學知識做鑑別診斷（differential diagnosis），並經過解剖、血清、毒藥物、微物跡證的證實或排除，才能立下死亡原因。所以，法醫師從事的工作在本質精神上，其實與臨床醫師沒有兩樣！

　　但是法醫師是公務員，總是清廉自持。所以，沒有廠商的往來奔走或邀約應酬，也不可能有贊助捐獻；又因為死者不會吃藥，所以也無藥商（廠）絡繹於途。相對之下，法醫師在生活上必須清廉簡約與嚴守法規，以致很多醫師對法醫學科不感興趣。再加上，大體相驗工作經常在醫院的往生室或殯儀館進行，甚至在事發現場或命案現場的檢警封鎖線內進行，許多怕弄髒白袍的人也不會來走法醫學科。

　　除此之外，法醫師薪水微薄也是造成醫學系畢業生不選法醫學科，擔任法醫師的原因。自從臺灣光復以來下來，各地方的檢察署一直是處在「法醫荒」的狀態，在《法醫師法》上路之前，全臺灣各個地檢署的法醫室仍然只有 4 位法醫師而已。

/ 法醫師法 /

1945 年台灣光復後，中華民國治理下的台灣，全國的法醫業務僅由日治時期所培育的少數幾位本土法醫人才負責。如眾所周知的葉昭渠教授[29]和在東京大學學成回國加入法醫行列的楊日松博士。此後，在 1950 年代也吸引了一些由軍方退伍醫師投入國內法醫的行列，稍解法醫不足的情形。

1960 年以後的二十幾年時間，台灣所有的大學醫學院都沒有「法醫學科」，雖然「法醫學」是早期教育部所規定醫學系的必修學分，但是由於各醫學院未加重視及之後因為缺乏法醫學師資，反而將其改為選修，甚至免修。造成台灣各醫學院所培育的醫師中，一大部分在醫學生時期是沒有修過「法醫學」學分的！所以醫學生視法醫為畏途，且由於在學校時沒有機會接觸法醫，更不可能引起醫學生對「法醫學科」的興趣與投入。但是刑事訴訟法第 213 及216 條確是規定「因調查證據及犯罪情形，需要法醫相驗及法醫解剖時，應命醫師為之」。

台灣因為長期沒有培育法醫師的師資及大學，更沒有適合台灣社會及醫界的法醫培育或法醫師生涯發展的政策，造成往後數十年法醫師的斷層，缺少可用的法醫師！[30]

　　2005 年通過的「法醫師法」為我國法務部門為解決長期以來法醫人力困境所制定的律法。係由台灣大學陳耀昌、方中民、郭宗禮、和邱清華四位教授於 2002 年 4 月提出「建立台灣健全法醫之法醫師培訓和進用制度」建言書，後經由行政院人權保障推動小組委員會議決定立法，2005 年底立法院三讀通過「法醫師法」，在 2005 年 12 月 28 日由總統府公布，一年後施行。

　　所以新制的法醫師法，其立法的背景根源前述的中華民國的法政歷史、法醫制度史、醫界的狀態及社會文化的現狀、長期以來法醫人力欠缺……，等等背景因素。因此，促成法醫師與醫師分流制的「台灣版」法醫師法。新的法醫師法 7 章 52 條，有 6 個核心要義，（一）建立台灣國內法醫師證照制度、（二）法醫師與醫師分流、（三）相驗與解剖屍體業務規範、（四）建立專科法醫師制度、（五）規範法醫師執行業務內容、（六）明定法醫師之義務獎懲及公會組織準則。

　　2006 年 12 月 28 日是法醫師法上路施行的第一天，（法務）部裡來函通知相關權責事宜，包括法醫師的養成、訓練、管理與認定，規範內容頗為詳細。相關規定與宣導的函文，我在地檢署的法醫室總共蓋了 11 個章才送出去。

　　因應法醫師法上路及未來各地檢署司法相驗人力需求，台灣大學醫學院設立法醫學研究所碩士班，招收學生來培養。其下設有招

收醫師背景的臨床法醫學組及非醫師背景的鑑定法醫學組兩個組別，以此雙軌制度來培育國內的法醫師，藉由報考資格的放寬，以吸引更多的人才進入法醫領域。政府期盼藉此能充實法醫人力並提高法醫素質，達成維護司法正義及保障基本人權目標。

公費服務期間，適逢法醫師法上路施行，個人在法醫師法施行之前已是合格的法醫師，新法施行後當然取得法醫師證書。因為是新的法令，勢必影響到法醫界、法界、醫界及社會各個層面，是件極重大的事情。因此，僅就政府官方所述及本人所知，撰文略述給社會大眾及年輕學子了解。

/ 從一具屍體看人間百態 /

能當醫師為人服務本是一種福氣，又能以醫師的身分擔任法醫師的工作，更是福氣中的福氣。

　　法醫師的工作需要給屍體做人身背景及生前近況等等的歷史詢問，接著做詳細的大體（cadaver）理學檢查（physical examination）。循著如此的標準程序，我遇到過很多特殊的狀況與故事，也都深深地烙印在內心深處，更大大地修飾了我日後在臨床工作上，行醫的態度與素養。以下 4 則故事，讓我感觸頗多。

相驗團隊愁苦無語，陷入理智與情感的悲鳴迴蕩不已

　　某日，本署轄區某偏鄉的分局呈報相驗案，轄區內的一家旅館出現一個密閉空間的燒炭死亡案件。一位 36 歲女性被發現陳屍住宿的旅館房間內，發現時已全身冰冷，氣絕多時。女子是前一天單獨一個人推著行李前去投宿，由服務人員及走道的監視錄影機發

現，女子進房後就不曾再外出，也沒有任何其他人員到訪。因逾時未退房及電話無人接聽，服務人員偕警員破門而入，才發現女子僵硬冰冷已死亡多時。

法醫相驗時發現女子衣著整齊完整，全身無外傷，坐在床緣地板上死亡。屍斑吻合於陳屍位置；另外由屍僵、屍斑及屍冷程度推測死亡時間大約在 12 到 16 小時之間，身上汎櫻桃紅色屍斑也吻合於燒炭造成的一氧化碳中毒死亡。房間內有縫隙的地方全用布單塞住或膠布封住，女子右手的手指上有拿捏木炭所造成的染黑，口袋內有兩張買烤肉木炭的發票。

為慎重起見，仍抽血驗一氧化碳、毒物、藥物、酒精及其他生化值等等。血中一氧化碳血紅素（HbCO）[31]81％（正常 HbCO<3％）；GC-MS 有安眠藥（Estazolam）及精神用藥 Quetiapine 的成分；及酒精濃度 161 mg/dL（>150mg/dL 已達到明顯酒醉狀態），吻合於燒炭造成的一氧化碳中毒自殺死亡。

檢察官調閱就醫紀錄、戶籍及相關親屬，發現死者的背後有一段驚人離奇、令人心痛的故事。

原來該女子從年輕時即是一名風塵女子，患有輕到中度的憂鬱症，不規則的精神科門診服藥控制。令人驚訝的是，檢察官偵查時發現她的養母一共有 20 個養女，也全部都是風塵女子。死者姊妹提供指證：「當她們一經長大仍不懂事時，便陸續被養母賣到煙花界當搖錢樹牟利去了。死者不堪如此的生活與折磨，近年來已有多次自殺的紀錄。」相驗完畢後，在回本署的這 40 分鐘車程裡，檢察官、書記官、法醫無不愁苦無語，陷入理智與情感的悲鳴，為亡

者的悲歌，迴蕩不已。

起死回生，我有七成的把握

一位 54 歲男性，在家中猝死送醫院急診，雖經緊急搶救一個多小時，仍回天乏術。

進行相驗前，家屬提供病史如下：案主一年多前因肛門旁膿瘍（perianal abscess）到某區域醫院開刀，同時意外得知有糖尿病及高血壓的情況。雖然糖化血色素（HbA1C）[32] 超標到 12%（正常 4-6%），但是這位先生出院後即無心再回診追蹤，自認其慢性病「一切都好了」。出事的前幾天有嘔吐、下瀉、倦怠、食欲不振、神智恍惚的現象（至於是不是有其他的身體症狀，例如發燒、畏寒，或腰酸背痛，家屬則是無法提供），病患並未求醫診治，堅持在家休息。2 天後的清晨，兒子發現爸爸叫不醒及無呼吸。送到醫院為「到院前無生命跡象」，雖經急救（CPR）迄無生命跡象恢復。

法醫相驗時，亡者全身蒼白與浮腫，身體包括毛髮下的頭皮全無外傷。醫院檢驗室報告血糖值 1320 mg/dL（飯後兩小時 <140 mg/dL）；CRP 43.1 mg/dL（< 1 mg/dL）；Crea 4.7 mg/dL（0.7-1.5 mg/dL）；動脈血嚴重的酸血症；血清酮體 7.9 mmol/L（0.05-0.29mmol/L）；心肌酵素為正常；細菌室很快地在 4 小時後，即通知血液培養長出兩套沒有抗藥性的「土株」大腸桿菌。這是在家因病死亡的案件，坊間的俗語「糖尿病會藏病」[33] 是最好的說明。

於是，我開立菌血症及酮酸血症係起因於糖尿病之併發症的死

亡診斷書，經檢察官簽署核發後，交還給家屬辦理後事。

曾經經歷臨床上積極進行困難疾病的診斷工作及緊密追蹤病人病情治療的進展，又以急重症病人救治為目標的我，對於此案件，心中有著一股澎湃不平，以及與現實狀況討價還價的錙銖必較心態。這是一案糖尿病沒有控制所引起的併發菌血症、酮酸血症猝死案例。然而，一切是這麼無助嗎？我們國人的健康衛教觀念竟是如此低落嗎？臺灣已經是全球醫院密度最高的國家了，醫院社區衛教的部門及出院後的個案管理如果功能健全，何以會發生這樣的併發症？

至此，我心中仍然不能平息！亡者家庭和樂，兒女學業有成且孝順長上，如今突然猝死在家中，令家人哀痛異常。一個糖尿病及高血壓的人，54 歲這是他的宿命嗎？今天我手上沒有第一線執掌病人的醫療，如果有，我一定給他 7 成起死回生的機會！臨床上，固然有些事情的發生不是醫師或醫政人員可以完全掌控，但是發生這種事件，孰能說他無過？

觸電會引發急性心肌梗塞？

鐵道火車一如平日，南北往來不絕於途，平安便捷地運送乘客抵達目的地。1569 班次電聯車（電力機車為 D913 號）在完成今日常規載客服務後，在 16 點 23 分緩緩地駛進本署轄區某火車站的機務段，停在第三洗車線上。

約莫 5 分鐘後，1569 班次電聯車駕駛姬先生被前來接班的同事

發現，臉俯趴倒臥在第三洗車線平台與 D913 號電力機車門的接壤處（當時集電弓仍處於升弓狀態）。同事拍打姬先生的肩膀並呼喊他名字，但是都沒有反應，於是趕緊大聲呼喊附近的同事們前來幫忙，前來的同事除了幫忙救援之外，也趕緊撥打 119 呼叫救護車來馳援。

同事們在齊力將姬先生抬出機車時，其中的一個人喊出「感覺有電的存在」！而且當時集電弓仍處於升弓狀態。於是趕緊呼叫其他同事進行斷電、接地後，才將倒地者移至洗車平台上，施以心肺復甦術急救，由於他已經沒有呼吸與脈搏，雖經送醫院急救仍然宣告不治。

因為死因不明，而且前來救援的同事，有人感覺有電的存在，所以報請檢察署的檢察官來釐清死因與還原事發的經過。當天外勤的檢察官在接獲轄區警分局呈報，即刻率領法醫、鑑識小組、刑警、警察等人馬，前往該火車站的機務段現場偵辦及進行司法相驗。

我在相驗大體前詢問家屬，50 歲的姬先生有沒有什麼宿疾？最近身體有沒有哪裡出現不舒服或症狀？有沒有抽菸的歷史？有沒有住過醫院或看過什麼門診？目前服用什麼藥物？家屬答覆表示：他是個抽菸者、膽固醇過高但是沒有控制，去年度員工健檢血糖和血壓都正常，目前沒有使用藥物。他沒有住過醫院，但是最近 3、4 個月來有「胸痛」症狀，正準備到醫院看醫生，沒想到突然死亡！

相驗大體時，死者外表衣著完整沒有破損，臥倒的地上、嘴角及口內發現有嘔吐物。觸及地面的額頭有一個 4×3 公分的擦傷，

臉部非常的充血，雙手沒有外傷或異樣。解開衣物後，發現屍斑迄未固定並如其姿勢的重力分布，屍僵已經存在，檢視其體表沒有其他的外傷或傷痕。但是死者的頸部以上及臉部非常的充血或腫脹感，臉部及結膜有點狀出血點。從法醫學的角度來分析，這是一個心臟病引發心因性休克的個案。

他太太所說的最近 3、4 個月來有胸痛症狀，問診出他症狀的特點也吻合於「典型心絞痛」的印象（impression）[34]。但是由於事發地點在鐵路局火車站的機務段洗車線平台上，以及適逢死者姬先生上班的值勤時間，更有前來救援同事喊「感覺有電」的存在，難道這是跌倒造成頭部外傷腦震盪事件？

種種的分析下來，使得這個公務員上班時間發生心肌梗塞死亡的案件，案情節節升高，變得撲朔迷離。於是檢察官火速啟動偵查，並且諭令進行司法解剖，以釐清事發經過和消弭爭議。

法醫研究所派員解剖時，發現額頭的擦傷只有皮下出血，沒有顱內出血。心臟解剖時發現大量的血栓（thrombus）堵住左主冠狀動脈（left main coronary artery; LMCA），確定是心肌梗塞的情況。解剖完畢後，相關的解剖檢體和鑑識刑警現場採得的跡證，也同時進行詳細的分析與製作鑑定報告中。

由於「心肌梗塞病死」與公務出勤「觸電意外死亡」相關賠償金額相差甚多，因此家屬在解剖鑑定報告尚未出爐時，即四處找民意代表陳情與前來施壓，並訴諸媒體炒作和請求「國家賠償」。一時之間「觸電之說」甚囂塵上，各種不具公信力的檢測方式或沒有品質管控的量測數值紛紛出爐。

幾週之後，解剖鑑定報告出爐。結果是：病理切片顯示血栓將左主冠狀動脈堵塞了90%，而且有心肌陳舊性的纖維化（表示之前就發生過心肌梗塞了）。死者血液檢查也是異常，其心肌酵素升高CK-mb 162 ng/mL（0.1-6.3 ng/mL）；Troponin-I 207.1 ng/mL（0-0.034 ng/mL）顯示心肌受損；心衰竭指數NT-proBNP 22581 pg/mL（<100 pg/mL）非常的高，吻合於急性心肌梗塞，判定死亡方式是「病死」。

　　所以是姬先生冠狀動脈因粥狀硬化及血栓造成急性心肌梗塞，心肌梗塞後產生心率不整而暈厥死亡。還原案發場景，應是當天他胸痛仍抱病值勤，強忍至完成勤務，電力機車駛進火車站的機務段，集電弓來不及下降就不支倒地了。

　　承辦檢察官援引公正客觀的法醫病理鑑定報告及鑑識刑警在現場的查驗資料，排除漏電的疑慮，消弭了社會上沒有證據力的說法與論點，同時也還給公務機關清白。但是因為「心肌梗塞病死」與公務出勤「觸電意外死亡」相關賠償金額實在相差太大了，家屬方面仍不放棄，仍在找尋對其有利的端點，委請民意代表繼續陳情中。

曾經是我的看診病人，之後卻是被我相驗

　　這是發生在我轉調當法醫師後才遇到的事情，讓我至今仍感嘆非常。

　　一些收容人在出監獄或出看守所後，因為心理上對嗎啡仍然依賴，非常容易再犯，重蹈覆轍再去使用毒品。了解內情的人都很清

楚，他們甚至於一出監獄就打電話或叫計程車，到能買到毒品的地方去買或去施打。這種情形可由 2007 年全國大減刑，很多被假釋的收容人在回歸社會的 2 至 3 天內，因再施打海洛英不慎過量致死的報導得知。因為饑不擇食加上又要躲警察，很多人是身上或手臂還插著胰島素空針（針頭比較細）死在加油站公廁內。而且這還只是冰山的一角，更多的是沒有被報導出來，或是打了沒事繼續跑給警察追。

2006 年中，我轉調至地檢署法醫室負責地檢署相驗業務 3 年多的時間裡，遇到過有 20 幾例，是之前在基隆看守所被我看過病的收容人，之後卻是被我相驗，令我驚訝萬分！

大部分死因是因為出監所後，再次施打海洛英時，因為過量造成意外死亡；其他的是因意外傷害、自殺或是肝硬化等疾病而死亡。對於「曾經是我的看診病人，之後卻是被我相驗」，沒有人會比我有更深的感觸，更何況是意外或是自殺的死亡方式。

本署相驗業務我只負責一半案件，另外一半是魏南榮法醫負責，所以應該有兩倍之差，如果加上死在外縣市的人，那麼案數就要再多加一些了。

這些仍舊沉溺於毒品的更生人出監獄後再碰毒品時，腦子裡只記得入監前施打的劑量。卻沒想到因入監一段時間後沒再使用毒品，他身體對海洛英的敏感性增加，或是前後次海洛英粉的純度不一樣，而在注射以前的劑量後，超過其身體所能負荷的極限，遂導致肺水腫、呼吸衰竭、循環衰竭而致死。這群對毒品無法自拔的人，用江湖上的「亡命之徒」來形容他們是再貼切不過了。

/ 公費服務屆滿重拾白袍 /

　　期盼已久的 2009 年 2 月 28 日公費服務屆滿終於到來了！說實在的，當時我已安於檢察署法醫師的工作；期間深受檢察長、檢察官們的肯定、器重與愛護。日子過得很投入與踏實，竟也忘了醫院白色巨塔[35]的紛擾與競爭，在外人看來是大家不喜歡的公費生「公費服務」的工作，對我而言，反倒是甘之如飴，樂在其中。

　　而我的畢業證書、高考及格證書、醫師證書等三張證書，依公費生服務的法規（規定法務部公費生公費服務屆滿前，畢業證書、考試院高考及格證書、及醫師證書統一由法務部保管），自從 1997 年 6 月畢業起，11 年半來一直保管在法務部中。此時，我最期待的莫過於此，三張證書終於要回來了。我終於可以恢復自己的職業自由了！

　　2 月 28 日那天仍是一如往常進行本署外勤相驗業務，跟著 W 檢察官進行外勤相驗。記得當天相驗的兩個案子是：

一案是索溝閉合[36]絞死的奇特案件，我報告 W 檢察官這個不尋常的發現，接著 W 檢座就諭令解剖並啟動偵查。

另一案，則是有目擊者的東北角釣客被瘋狗浪沖到海裡面的溺斃案子，相驗時檢查其體徵符合生前落水。

法醫圈內認識我的朋友都知道，我擔任法醫師後，喜歡並滿足於這個為死者主持公道、判斷死因的「司法醫師」工作。同樣地，與我之前的臨床工作一樣，甚至更有過之而無不及，鑑別時更是戰戰兢兢、如履薄冰般的小心謹慎。因所有的痕跡與跡證均需保持高度警覺性，猶如 CSI 般一眼識破，並且需要在第一時間，就把留存在大體上的所有證據予以保存及採證。

早在公費結束的前半年，就有一些思考、探索、拜訪長官與法醫師前輩們進行評估與試探性的做法。緣於當時，於 2006 年 12 月 28 日公布實施的新的《法醫師法》之施行已經滿 2 年，國內有數位年輕的法醫病理科醫師，以及在法務部裡當鑑定法醫師工作的先進們，也都先後進入臺灣大學法醫研究所[37]繼續進修。

我思索，我的主修專科是內科、重症加護醫學科、胸腔內科，而不是病理科醫師，心想如果我真的繼續想成為能勝任解剖的「鑑定法醫師」工作，勢必要再去臺灣大學的法醫研究所進修，並訓練自己成為法醫病理專科醫師。但這麼做的結果對我而言不只曠日廢時，也應該非社會之福，我應該就我已經訓練完成的臨床資歷及醫學專科，即刻去服務我的病人才是。

又思及檢察署法醫師的工作，會由新的《法醫師法》之規定來培育產生，而且可以預期不消幾年之內，檢察署法醫師職缺將會一

缺難求，不會再缺法醫的。加上此前的評估、試探性的結果，還有朋友們的建議，大多指向我應重回醫院做原來的臨床醫師工作。所以，我在檢察署法醫室多待了 5 個月後，同年 8 月辭去法醫師的工作，重拾白袍前往位在中永和地區、新成立的雙和醫院[38] 之胸腔內科服務。

回想起來，當時因為離開大醫院的臨床醫療太久了，全心投入法醫師的專精工作；加以國防醫學院醫科所博士班學程的研究正在如火如荼進行中，乍然回去以前熟悉的臨床醫療、重症病人的照顧，剎時之間突然變得好生疏、好遙遠。

所幸，摯友長庚醫院腎臟科吳敬恆醫師最了解我的實際狀況，他的臨床醫療做得相當傑出，醫學知識與技能亦非常淵博，更是位對病人很好的良醫。在回到臨床工作這段過渡時期，我的母科林口長庚胸腔科及吳敬恆醫師協助最多，幫助我在溫故知新之際，也提供許多臨床醫療的新觀點，感謝他使我可以在短時間即銜接上生疏的斷層，重新喚回臨床知識和技能。

回到醫院重做臨床之際，真的已經把什麼都忘得一乾二淨了。除了「緊張」外，在心裡中只有記得「要關懷病人、病人的康復是我的第一要務」。因著要更關懷及要更愛護病人，在求好心切之下，極大的壓力導致自己在這個時期得了腸躁症[39]，每兩天需要灌腸一次以解便祕。

NOTES 註釋：

1　相驗：意指檢視屍體，也就是驗屍的意思。研判死者之死亡原因及死亡方式，掣給死亡證明書或相驗屍體證明書，以便進行殮葬事宜之過程。依其執行相驗人員之不同，可分為「行政相驗」與「司法相驗」兩類，前者由衛生所或開業醫師為之，後者由檢察官主持，命法醫師為之。

2　方中民：日本大阪醫科大學醫學博士，係國內知名法醫病理專家，國立臺灣大學法醫學科暨研究所副教授、法務部法醫研究所顧問醫師。

3　微物跡證（trace evidence）：所謂的微物跡證，其實涵蓋了非常廣泛的種類，包括毛髮、纖維、玻璃碎片、油漆、土壤、植物種子、礦物、體液，以及各類的未知高分子材料、火藥痕跡及各種殘留於犯罪現場的微量跡證，除此之外也包括可造成植物病蟲害的致病性微生物。1930 年，被視為「微物跡證之父」的法國刑事科學家埃德蒙·路卡（Edmond Locard）博士，發表一條奠定微物跡證的原理：「（當物體）發生接觸時，會產生相互轉移作用，使得其中一物體上之物質轉移至另一物體上。」稍後，這條原理由美國鑑識科學之父保羅·柯克（Paul Kirk）進一步修正為：「嫌犯不可能不遺留證據在犯罪現場，與帶走原本就於現場的證據。」在這些學者的努力下，針對微量證物所做的分析逐漸地對案件偵查發揮了關鍵性的影響。例如「一根馬毛找到的凶手」就是一個例子。

微物跡證可能是任何的東西，如油漆碎片、一塊玻璃到植物殘骸等，可運用非常多的分析方法來處理。科技的進步使得微量證物的分析更加周全且精確。在建立完整的資料庫後，可讓以往被視為間接證物（circumstantial evidence）的微量證物，經過追查其來源可以協助案件偵查，在案件缺乏 DNA 以及指紋證物下，也能對於案件偵查方向扮演關鍵角色。

4　HPLC（high performance liquid chromatography）：高效液相色譜法，是一種色譜分析技術，用來分離混合物，以確認並量化各個成分的比

例。它依賴泵加壓樣品以令其通過填充有吸附劑的壓力柱，導致樣品的各個成分因而分離。

5　GC-MS（gas chromatography–mass spectrometry）：氣相色譜法—質譜法聯用，簡稱氣質聯用，是一種結合氣相色譜法和質譜法的特性，在試樣中鑒別不同物質的分析的方法。GC-MS 的使用包括藥物檢測（主要用於監督藥物的濫用）、火災調查、環境分析、爆炸調查和未知樣品的測定。

6　司法解剖：在法律上，涉及刑事案件中的死者經常是死因不明，司法官會依法諭令進行屍體的解剖，其目的在找尋死亡原因，確認與犯罪有無關聯性及是否發動偵查權。

7　病理解剖：針對疾病導致的死亡，通過解剖來分析死亡原因，為未來治療和醫學進步發展所作的解剖。例如常見的是醫院遇有疑似感染症死亡的病例需要病理解剖以了解疫病的致病原因與感染模式，能有效控制疫情，以防堵疫病之爆發。

8　蕭開平：1952 年出生，屏東佳冬人。國防醫學院醫學系 71 期畢業，美國馬里蘭大學醫學院藥理學博士，法務部法醫研究所法醫病理組組長，係國內知名法醫病理專家。

9　精液反應：性侵害案件中疑似精液斑跡的跡證用檢驗的方式來證實。

10　DNA 檢測：世界上除同卵裂生之雙胞胎外，沒有任何兩人的 DNA 序列是一致的，因為具有遺傳特性，可以運用於親屬血緣關係鑑定或生物跡證物之比對驗證。刑案現場採得的生物跡證：如血液斑、唾液斑、精液斑、毛髮及骨骼等，送至法醫研究所或刑事局做 DNA 鑑定。

11　DNA STR 鑑定：係藉由經過特別設計的商業化複合式檢驗試劑套組，分別專注在 46 個體染色體 DNA 中多套特定染色體及性別染色體上存在的微衛星體縱列重覆性 DNA 短片段（short tandem repeats, STR）序列進行基因型檢驗分析。透過 X 染色體的多項型別分析 -- 性染色體 X STR 型別分析法，再搭配體染色體 DNA STR 型別檢驗，即可鑑定特殊血緣案件如同父（已歿）所生之姊妹，內祖母與孫女，外祖父母認外孫等血緣關係。此鑑定也可應用在性侵害案件、無名屍認領及民事親子關係確認之用。

12 防禦傷（defensive wounds）：背部、手臂和雙手外側部的瘀青和傷口，可能表示受害者試圖抵抗攻擊者，所形成的傷痕。

13 成傷時間：藉由傷痕演進的變化，來推斷傷痕形成的時間。

14 胸管：醫學上以管子將胸腔內空氣、血液或分泌物引流出來，使肺部充分擴張恢復肺泡換氣功能。

15 challenge 生理食鹽水：醫師在急救病人時所用的術語。當病人在進行心肺復甦術時，短時間內給予大量生理食鹽水輸液，以恢復其心跳、血壓、循環的做法。

16 生前傷：指活體受暴力作用所形成的傷痕，損傷部位及全身皆可出現一定的免疫發炎反應，稱生活反應。

17 屍僵、屍斑、屍冷：法醫藉由實務經驗，用屍僵、屍斑、屍冷來推測死亡時間。

- 屍僵（Rigor mortis）死亡後肌肉僵硬攣縮的現象。
- 屍斑（Livor mortis）死亡後血液循環停止，血液停留在屍體的低處，紅血球從血清中進一步分離沉積，在表皮下形成可見的紫紅色瘀斑現象。
- 屍冷（Algor mortis）即屍體餘溫。死亡後，新陳代謝和產熱停止，由於自然散熱體溫下降的現象。

18 單刃、前端尖銳的生魚片刀：「單刃、前端尖銳」是法醫學上對銳器的描述用語。係指一側創緣圓鈍而另一側銳利的單刃銳器，並此銳器的前端尖銳。因為皮膚具有收縮性，所以，根據刺器在皮膚上形成的損傷以及皮膚的收縮，就會成形各種特殊的創口。

19 耳垂摺線（Frank's sign）：即「法蘭克氏徵象」。Sanford Frank 醫生在 1973 年發表於新英格蘭醫學雜誌的研究指出，耳垂上出現對角線摺線，是冠狀動脈阻塞等心血管疾病的徵兆。

20 人工髖關節：因疾病造成髖骨關節面軟骨受到嚴重磨損、破壞甚至缺損變形。置換人工關節，就是以人造材料來取代髖關節損壞的部分。來治療病人的關節疼痛、行走不便、動作受限的問題。

21 陳鈺勤：2011 年骨科醫學會祕書。

22 《洗冤集錄》：宋理宗淳祐七年（1247 年），宋慈創作完成《洗冤集錄》

這部世界最早的法醫學著作。

23 修復式司法（restorative justice）：提供加害人、被害人或其家屬等的對話與解決問題機會的機制。讓加害人認知其犯行的影響，而對其行為負責，並修復被害人情感創傷及填補實質損害。此處被告責任尚未被認定，故稱「類似」修復式司法。

24 清鄉運動：二二八事件後的 3 月 18 日起，國民政府軍隊進一步清鄉行動。「清鄉」意指「清查戶口，搜捕可疑分子」。

25 《良醫多自苦中來》：林啟禎著，望春風出版社 2010 年出版。

26 法醫檢驗員（forensic technician）：自 1994 年迄 2006 年止，藉由國家司法特考取得檢驗員資格者，用以填補國內法醫師人力不足，其職掌為執行法醫相驗及檢驗業務。

27 慢性阻塞性肺病（COPD）：係由長期抽菸或空氣污染等使得肺部產生「慢性支氣管炎」或「肺氣腫」的一種呼吸道變性，引起氣流阻塞的一種肺功能退化疾病。這種氣流阻塞通常為緩慢進行性，患者主要症狀為長期咳嗽有痰或呼吸困難。

28 「PD-1」與「CTLA-4」：T 細胞淋巴球上的兩個蛋白質受體名稱。

29 葉昭渠教授：係國內知名的法醫。1945 年台北帝國大學醫學部改制為台灣大學醫學院，隔年聘請葉昭渠醫師為助教。1955 年在世界衛生組織（WHO）之資助下，以 Fellow 之身分前往東京大學醫學部法醫學教室，在上野正吉教授指導下，以《骨組織之血液型物質之研究》之論文，成為台灣第一位法醫學博士。

30 《臺灣法醫師的培育和法醫實務制度的探討》郭宗禮、邱清華、陳耀昌作。

31 一氧化碳血紅素（HbCO）：一氧化碳跟血紅素的結合力大概是氧氣的 200 到 250 倍。因此一氧化碳一旦暴露在我們的血液中的話，血紅素就很容易被一氧化碳占據，這樣被搶先占據掉的位置，就沒有辦法再跟氧氣結合，以致於我們血紅素裡的氧合能力就下降，這時候體內的組織就沒有充足的氧氣提供組織需求，就會產生種種一氧化碳中毒的癥狀。

32 糖化血色素（HbA1C）：是指血液中的葡萄糖進入紅血球，與紅血球

內的血色素結合，形成「糖化血色素」。一旦葡萄糖和血色素結合，就不容易脫落，直到紅血球細胞衰亡。血中葡萄糖濃度愈高，糖化血色素（HbA1c）也愈高。一般紅血球的平均壽命為 120 天，所以檢測血液中糖化血色素，可以反映過去 2~3 個月的血糖平均值。

33 「糖尿病會藏病」：是民間俗語，但也道盡事實。因為得了糖尿病後會降低免疫力，產生神經病變、腎病變及血管病變的併發症。因此，一旦再發生急性疾病時，症狀會不明顯，所以說：糖尿病病人會隱藏疾病而不自覺。

34 印象（impression）：醫師在詳細檢查完病人後，初步形成的診斷上意見，稱為 impression（印象）。

35 《白色巨塔》：作家侯文詠原作、皇冠文化於 1999 年出版之小說。

36 索溝閉合：若是細長的索狀物如電線，受害者的頸部則可能留下一道環頸的凹溝稱為索溝。索狀物勒殺通常是使用繩索、鐵絲、電線，以及項鍊、皮帶、胸罩、長襪等衣物，在死者頸部行成環頸閉合的索溝。大多數索溝閉合經常是他殺，但也有少數是意外，甚至是自殺。

37 臺灣大學法醫研究所：《法醫師法》於 2006 年 12 月 28 日正式實施。為配合國家培育法醫人才之重大政策，國立臺灣大學經教育部核准，成立國內唯一的「法醫學研究所」，於 93 學年度（2004 年）開始招生，期能進一步提升國內法醫學研究與未來發展。

38 雙和醫院：為「衛生福利部雙和醫院」的簡稱，為中華民國衛生福利部委託台北醫學大學興建經營的大型醫院，是臺灣首家 BOT 的醫院。目前是中永和地區的準醫學中心，為 JCI 國際認證醫院。

39 腸躁症：大腸激躁症是屬於功能性異常的腸胃疾病，會反覆發作，慢性且持續，目前還找不出確切病因，但醫界一般認為情緒和壓力是誘發和惡化的因素。

CHAPTER

05

國防醫科所博士學程

醫學已經進到分子生物、人類基因解碼的里程碑了！
大規模的統合分析數據是新醫學治療的指北針。
大數據和人工智慧正悄悄的登上醫學的舞台。

/熱衷於醫學研究/

醫學和自然科學都是未知的比已知的還多。進行研究醫學、開發新藥物和治療方式，是這一代醫師必須面對的局面。拜生物技術進步所賜，生物醫學領域可以進行分析或研究的東西，比起20年前、30年前的領域更大更多。

「醫學研究」代表的是臺灣生物醫學在國際競爭力的指標、醫學大學／教學醫院競爭力的指標，或是醫院賦予的任務，這當中也會牽涉到醫師自己的發展性。從一開始擔任胸腔科研究醫師起，我只是把醫學研究定位在「回饋」胸腔科的恩情或責任，並非是為了自己的未來發展或是興趣，然而，後來一腳踏入後居然喜歡上它，並且廢寢忘食、樂在其中！

很幸運地，在我加入林口醫院胸腔科的那年，科內的劉劍英醫師正好剛從美國西雅圖進修回國，使得胸腔科的師資陣容更加堅強。劉劍英醫師當時擔任科內實驗室的「小老闆」（主任的意思），既是位謙虛內斂的君子，又擁有豐富的臨床知識與技術，且醫學研

究的功夫非常紮實，他的許多風格始終是值得學習的典範。

2002 年 2 月份林口胸腔科忘年會中，我藉機向劉老師表達有意願進實驗室做 bench study（轉譯研究）[1]，並請他多多指導，老師很爽快的一口答應。直到我進修博士學程，劉醫師仍舊持續指導我直到畢業，是我人生中的重要的恩師與貴人。

猶記成大醫學院畢業時，我只想成為一個稱職的臨床醫師（clinician），到坊間去開業，用習得的醫術來服務社會，並以能執行診治病人和照顧病人的責任為目標。但直到住院醫師的第 4 年（R4），原本的想法在不知不覺中慢慢有了轉變。更因著踏進實驗室做醫學研究，沒想到這個決定竟是日後我去進修博士學位的關鍵點，完全是始料未及。

在臨床第 1 年研究員（fellow 1；也就是住院醫師的第 4 年，R4）的下半年（2002 年 4 月份），開始進到實驗室去做 bench study，起初在分析肺癌病人呼氣中 NO（nitric oxide）的表現[2]，接著用免疫組織化學染色法（IHC；immunohistochemistry）[3]分析肺癌病人切片組織中 iNOS（inducible nitric oxide synthase）的表現量與腫瘤血管新生[4]（Angiogenesis）的關聯性。之後做到 hnRNP[5]這個蛋白標誌用在肺癌病人的早期診斷（early detection）上的研究。

臨床第二年研究員（R5）結束前，在劉劍英醫師的指導下，以 iNOS 在各種肺癌的組織染色及合併老師之前的研究數據，寫成文章並以「誘發性一氧化氮合成酶的表現廣泛增加於肺臟疾病」（Inducible nitric oxide synthase was generally expressed in inflammatory, infectious, and malignant lung diseases）為題目投稿，得到 2003 年度「胸腔醫學」期刊最佳論文獎第一名。雖然是國內的期刊，但總算在長庚醫院第 5 年住院醫師（R5）訓練完畢前，得到了一點成果，也更加強了我在肺癌領域醫學研究的信心與興趣。

當時我擅長於 IHC 的技術，胸腔科內的一些組織染色，師長與前輩也會請我幫忙並協同於他們的研究。在 2003 年 7 月剛晉升胸腔內科主治醫師之初，我加入了肺癌治療組，想照顧肺癌的病人並兼做這個領域的醫學研究，感覺上好像可以按此繼續發展下去。

但是事實上，人算不如天算，計畫永遠趕不上變化。2003 年 11 月法務部公費服務的徵召函發到醫院了，為了安排公費服務地點及相關事宜，我花了一些時間去思考及安頓。當時我在長庚醫院，只得把手上的一些臨床服務的住院病人及門診病人都做了妥善的安排，研究計畫也都轉手給其他同事負責。

2003 年 11 月起的混亂與安頓，到適應監獄的新工作環境，再到 2004 年初博士班考試及錄取。博一下學期我在因著「Laboratory rotation」進入感染科實驗室，再度親手拿起 pipetman（定量吸管）來做實驗，此時已經是離開長庚醫院實驗室 15 個月後的事了。

/ 獄政長官栽培後進 /

在長庚醫院擔臨床第 1 年研究員（R4）的下半年，我開始進到實驗室去做 bench study（轉譯研究），以便銜接到升任為主治醫師後的生涯。在醫學中心裡，主治醫師除服務臨床病人外，尚有醫學研究的使命。對於這些問題我也約略有所思考，並且已向前輩們諮詢了一些資訊，但卻被 2003 年秋天，隨即而來的胸腔內科專科醫師考試的壓力，讓步伐緩慢了下來。所幸之後順利通過專科考試，取得胸腔內科次專科證照，爾後一切實驗室相關的醫學研究進行與後續安排，變得比較順暢無負擔了。

進入公家單位服務，除了改善、充實、健全監獄醫療之外，也意識到不能虛度光陰，消極度過這 5 年公費服務的時光，必須在醫研上有所進展，是未來這 5、6 年的重要目標；而我也興致勃勃、萬丈雄心的準備應試中。只是「公費生服務」這個揮之不去的身分，著實將我牢牢套住，身心都不自由。由於博士班的報名在每年的 4 月上旬以前，而我 2004 年 3 月 1 日才剛到單位報到，時間迫

在眉睫。因我公費生的身分，加上報名需要官方的同意函、主管的推薦函、三封師長的推薦函等，過程頗為繁雜。尤其是官方同意函的取得，讓我幾乎想放棄考博士班的計畫；畢竟我真沒有把握在這個剛換工作跑道的時機點，就能被獲同意可以去參加進修。

2004 年 3 月下旬，公費服務報到才剛滿 3 週的某日下午，我前往陳金瑞所長辦公室，很不好意思的向長官表達我個人在長庚醫院時，已經立下的博士班進修計畫，不知道能否繼續執行下去？

說實話，在進去長官辦公室前，我已經做了最壞打算，如果他要求我明年再去，應該也不是太意外的事。但大出乎我意料之外的是，陳所長居然第一句話就說：「那是很好的構想啊！」又說道：「把方案用簽呈上來，機關會充分研議與考量。」大大刷新了我對公務員保守推諉事情及墨守成規的成見！更沒想到這位素昧平生的長官，竟然在我們只有共事一段很短的時間，便願意以機關首長的名義推薦我去進修，著實讓我銘感五內。

陳所長是開了先例！我深深的知道，服務完公費義務後，極可能仍是回去醫界服務。他是憐憫一個有心上進、有心求知的青壯年醫師宿願，不要因為公務員的陳規陋習，妨礙我的前途。他的心意令我感動，感動非常。對此，我只能用全身心服務社會，才能報答陳所長的恩惠，讓他知道，他的成全沒有白費。幸未辜負長官與師長的期望，6 月中旬傳來捷報，我以自費生組（有別於軍費生）第一名資格，錄取了國防醫學院醫學科學研究所（Graduate Institute of Medical Sciences）。

由於國防醫學院與國家衛生研究院、中央研究院都有很好的聯

結，是一個研究風氣及軟硬體皆優的學術機構，對一個想在國內進修的人而言是個很好的選擇。另一方面，由於當時監所醫師年資只有「師三級」，薪資比第一年住院醫師（R1）還低，對我這個要繳房租、生活費、交通費、小孩子學才藝費用等有重大經濟負擔的人來說，能考取公立學校，著實大大減輕了我日後的經濟包袱。腦海中也始終記住一個陳年往事：在面臨當時的經濟負擔，摯友吳敬恆醫師得知我的窘境，曾經面報基隆長庚胸腔科劉育志主任，擬安排我到長庚醫院內科值夜間班，賺取值班費以補貼家裡經濟開銷。

在監獄擔任專任醫師服務期間，陳所長經常來到戒護區或醫務室巡視，並對收容人的健康、管理、戒護都有所指示。對我這個獄政管理屬於門外漢的人來說，真是大開眼界。

陳所長是一位清廉正直、公正不阿、清心寡慾、嚴格遵守法規的長官，在工作上的理念，我們彼此投合，相互認同。由於陳長官成熟度與人生歷練皆比我高出許多，若我行事有不周全之處，他也會不吝地教導我一些。例如他說：「好的人可以做朋友，不好的人就只是同事」、「身在公門好修行」、「做人做事要刀切豆腐兩面光」、「公務員要尊重專業的意見」……現在回想起來，他的人生哲學真是頗有意思。我從返部履約到基隆所擔任專任醫師，直到陳所長異動至法務部的其他單位，共計 1 年 6 個月的共事時光。這段期間，我獲得長官的支持，使得一些流程與作法在基隆所能夠落實，而能做得比其他監所優異許多。

陳金瑞所長真是位難得一見，肯栽培下屬和後進，改變我一生的好長官。至為感謝我生命中的貴人。

/ 走入胸腔感染症的研究領域 /

2003 年 7 月，剛晉升胸腔內科主治醫師之初，科內臨床功能分組上我加入了肺癌治療組，照顧肺部患有腫瘤的病人，並兼做癌症醫學領域的研究。

　　我用手上熟悉的 IHC（免疫組織化學染色法：immunohistoche-mistry）做組織染色、Western blot（西方墨點法）、PCR（polymerase chain reaction：聚合酶連鎖反應）、流式細胞儀（flow cytometry）……等一些入門技術或工具，用以分析生物醫學。心想藉由博士班進修學程，做一點癌症主題相關的研究，希望日後能輔助臨床。

　　由於當時正在從事公費生服務中，雖然官方給我每週一天時間到國防醫學院去「在職進修」，但有在職進修過的人應該都知道，既要上班又要工作，時間上真的拮据許多，對於一些需要培養細胞、養實驗動物等高頻率或高時間密度工作的實驗室，我是被拒絕在外的。博一這年裡，在找癌症的實驗室上說實在的並不順利。

在博一「生物醫學方法」課程中的研究主題報告，我發現來自感染科實驗室葉國明學長，在克列伯氏菌的研究主題很新穎，實驗室很有活力與創意。所以，在 Laboratory rotation（實驗室實習，可以選擇到自己有興趣的實驗室去學習）時，我選擇了去感染科實驗室實習。6 週的實習期間，對這個由三軍總醫院感染科張峰義主任、國家衛生研究院蕭樑基研究員、台北榮民總醫院感染科馮長風主任聯合主持的實驗室，真是大開眼界。他們在克列伯氏菌的肝膿瘍致病機轉、克列伯氏菌毒性（virulence）及抗藥性的研究成果，在全世界居於領導地位。

所以，當時我轉念有意爭取進去感染症實驗室。但因我來自外校，是成大醫學院畢業、長庚醫院訓練、法務部公費生的特殊身分，大家對我不太清楚，而且感染科實驗室素來是熱門的實驗室之一。最終我能進去的臨門一腳，是博士班同班同學、三軍總醫院胸腔科彭忠衍醫師與感染科林永崇學長的大力舉薦，方才讓我順利進到感染科實驗室，繼續我博士班進修的學程。當然，研究的方向也由癌症變更為感染症領域了。

2005 年 5 月間，在一個與指導老師面談的過程中，蕭樑基博士提到：「我們實驗室以研究克列伯氏菌、肺炎鏈球菌（*Streptococcus pneumonia*）、大腸桿菌（*Escherichia coli*）、鮑曼氏不動桿菌（*Acinetobacter baumannii*）見長，但凝集素（lectins）是一群很有意思的醣蛋白分子，很值得去研究。」

又說：「凝集素中的甘露聚糖結合凝集素（mannose-binding lectin; MBL）在英國及丹麥有少許的研究，可以去 review（回顧）

一下文獻，是不是可以運用在你所專門之呼吸道的領域中去進行研究，解決一點胸腔感染症上未知問題。」

因此，我很快地去瀏覽與分析當時既有的文獻，無意中發現甘露聚糖結合凝集素（MBL）比我想像中來得有意思。它是生物體內免疫學上，補體系統中，活化凝集素途徑（lectin pathway）的起動因子。

下呼吸道感染症（lower respiratory tract infection）是胸腔科臨床上常見的嚴重疾病，而凝集素的先天性免疫（innate immunity）功能在細菌性的下呼吸道感染症上，所扮演的角色又是為何？這在當年還不是那麼清楚。所以，在博士班第 2 年的資格考，遂提出以「甘露聚糖結合凝集素基因多形性對慢性呼吸道疾病患者反覆性下呼吸道感染的影響與對致病菌調理吞噬作用的關係」（The effect of mannose-binding lectin gene site SNPs on the recurrence of lower respiratory tract infection and opsonophagocytosis of pathogens in chronic airway disease.）作為我博士研究的論文主題（thesis proposal），開始進行研究。

/ 假日的實驗室 /

冬天的清晨 6 點鐘，天色還沒有亮，快走的腳步聲劃破早晨的
悠閒與沉思。思緒早就陷入昨晚跑膠結果怎樣？細菌的培養
如何？細胞養的好不好？PCR 有沒有 P 出來？[6]拜當時行政機關
彈性上班之賜，可以早上 9 點鐘刷卡，晚上 6 點鐘刷退。因此，早
上我可做 2 個小時實驗室的進度，再去上班也還來得及。

我的公費服務機關是在基隆，國防醫學院實驗室在內湖，家也
住內湖，在基隆—內湖兩個點之間的交通動線，還算是單純的。只
是下班回內湖不是回家吃飯，是回實驗室去做實驗。做到晚一點，
或是實驗做到一個段落再回家休息；接著上班前，先到實驗室做 2
個小時的前處理或是收集昨晚的實驗數據，下班後接續再做 3 到 5
個鐘頭不等的實驗。對我而言，經常一天的一半是下午 3 點鐘。

我很地感謝官方允許我在職進修，並且在每週給我 8 小時
（等同是 1 個工作天）的時間去學校做研究進修。但是「巧婦難
為無米之炊」，時間仍是不夠用。除了從當總醫師就學得 time

management（意即：妥善規劃時間）、抗拒疲乏、過門不入、使用下班後的時間、特休拿來用，但是當上面能用的時間都已經用盡了的時候，就是只能使用「假日的時間」了。

對很多人而言，星期六、日是家人團聚、親情互動、教育陪伴子女啟發他們成長的時段。但對我這個時間不夠用的在職生，回家「過生活」似乎是一種奢侈品。過去，我在諸多場合聽見林口長庚醫院的師長們，他們仍用 weekend（週末）來作數據分析、整理資料或寫文章，即使是當到老師了仍然是兢兢業業。長久以來，在他們的薰陶之下，耳濡目染這種主流風格，讓我從讀博士班當研究生起，就把假日用來趕實驗進度，以彌補我週間必須上班在時間上的不足。

週六、週日實驗室的靜謐，沒有日常的事務或雜訊，每每只要有一絲絲的想法或觸動，便如湧泉般地源源不絕，既清晰又有力，讓我最愛待在「假日的實驗室」，思緒充分自由無阻礙。實驗資材是充分的、進行的步履是清澈的、可以自由的想像、容許仔細的觀察、進行細心的求證。在這裡，我無需為下一刻的社交禮儀做安排，無須為公務煩擾或準備開會做預想，可以自由的驅動自己的心志，不受日常工作、家庭或瑣事所牽絆，能充分自由地涵泳在學術的殿堂。

醫者的舉止行誼與研究，因著關懷病人的疾病，以及他們身體上、病情上的痛苦，讓我們試圖探索著醫學的最尖端與分子機轉。所有的研究都是企圖揭開疾病的奧祕，發展新的治療方式、開發新的藥物或發明新的設備。

疲乏時，經常以師長所說的「有 Bench 可以做 Laboratory 是一個福氣」來勉勵自己。我上班、進修規律有序，只是剝奪了我所有的休息時間，每當疲勞或失落的時候，不免萌生退意，興起實驗室這檔事情何必在我，大可隱姓埋名到鄉里做基層醫療，過閒雲野鶴的日子算了！

隨著實驗時間的累積與演進，相關的數據也累積到一定的數量了，我撰寫成文，以「Mannose-binding lectin gene polymorphism contributes to recurrence of infective exacerbation in patients with COPD」為題目來發表。投稿到國外的 SCI（science citation index）期刊[7]的雜誌社去接受審稿發表，很幸運地於 2011 年被 CHEST 接受及刊登。SCI 期刊投稿是一個漫長的過程，大約前後用了 1 年的時間，與國外的主編及審稿的委員們書信的往返、答辯、補數據，更是一段備感壓力又辛苦漫長的過程，但也讓我見識到，世界之大、國外專家見解的精闢與傑出。

由於我發表文章的期刊 impact factor（影響指數）分數合於畢業門檻，在通過博士班畢業口試之後，似乎一切也沒有什麼改變，仍舊是在原來的國防醫學院感染科實驗室持續進行研究。畢業後，研究領域著重在克列伯氏菌致病性與毒性的探討，以及用我建立的動物模型（animal model）來應用在肺炎致病之機轉上面的探討。

國家衛生院實驗室前長長的走道，目光所及的幽遠與深邃前方，地板的回音響亮清澈，我彷彿可以看見自己未來的醫學路。國家衛生院實驗室[8]走廊的端點，竟是三軍總醫院走廊的起點！

NOTES 註釋：

1　bench study（轉譯研究）：轉譯研究一詞是用來形容將實驗室的研究成果應用在新的人體研究或臨床測試上以發展預防、診斷或治療疾病的過程。此類型研究聚焦於基礎科學的實際應用，旨在把研究成果用於對人類利益福祉有快速效益的用途上。

2　呼氣中 NO（nitric oxide）的表現：人的整個氣道都會合成一氧化氮（nitric oxide,NO），呼出氣一氧化氮（fractional exhaled nitric oxide,FeNO）通常來源於呼吸道上皮細胞，氣道與血管內皮間質細胞在一氧化氮合酶（nitric oxide synthase,NOS）作用下，精氨酸氧化脫氨基產生內源性 NO。FeNO 檢測是目前研究最多的一項檢測氣道炎症的生物學標記物。

3　免疫組織化學染色法（immunohistochemistry,IHC）：是指利用抗體與抗原間專一性結合，來偵測組織或細胞中目標蛋白的表現量及位置，因此具有抗原性的物質，如：蛋白質、多醣、核酸、病原體及基因突變都可偵測。

4　血管新生（angiogenesis）：是一個生理上新的微血管發展成一個血流供應系統的過程。血管新生在於生長或是發育上扮演重要的角色，例如在傷口癒合、女性經期、胎兒生長發育。而在腫瘤生長上，血管新生則會是腫瘤從休眠期轉變成惡性、生長迅速、可能侵襲其他組織的關鍵。而相較於癌症的研究，血管新生也在斷肢接合、心肌梗塞、腦中風、老人退化性黃斑等病症上佔有很重要的地位。

5　hnRNP：即 heterogeneous nuclear ribonucleoproteins 翻譯成「核內不均一核糖核酸蛋白」，功能上 hnRNP 輔助 RNA 的轉錄後修飾。

6　PCR 有沒有 P 出來：實驗室研究生常用的慣用語，意指 PCR（Polymerase chain reaction，聚合酶連鎖反應）有沒有做成功？

7　SCI（science citation index）期刊：科學引文索引（Science Citation Index、縮寫：SCI）是由美國科學資訊研究所（ISI）於 1963 年創刊出版的著名期刊文獻檢索工具。SCI 收錄全球數、理、化、農、林、醫、

生命科學、天文、地理、環境、材料、工程技術等自然科學所出版的數千種核心期刊。ISI 具備嚴格的選刊標準與評估程式，挑選的期刊每年稍微有所增減，使其收錄的文獻能囊括全世界最重要、最具有影響力的研究成果。所謂最有影響力的研究成果，是指發表這些成果的文獻大量被其他文獻引用。也就是透過較早的文獻被後期文獻引用，來說明文獻之間的相關性，以及較早文獻對後期文獻的影響力。這使得 SCI 不僅只是文獻檢索工具，而且成為對科學研究進行評價的一種依據。

8　　國家衛生院實驗室：2005 年以前國家衛生院位於內湖三軍總醫院的七樓和八樓，2005 年以後竹南國家衛生院建設完竣才搬過去。

貢寮偏鄉的義診服務

貢寮區三貂角的馬崗社區，是臺灣島的極東點，
帶有鹹味的海風，吹拂著老人的臉龐與門斗上鹽噬的門牌。
偏鄉社區的老人需要更多義診關懷。

/ 慈濟人醫會的偏鄉義診 /

在住院醫師或總醫師訓練期間，我非常熱烈和專心地投入，對醫療工作除了是志趣與榮譽之外，更是以能服務病人為樂，而願意積極做事來改善病人的痛苦。但是不諱言，醫學中心的住院醫師，總有忙不完的臨床業務與值班、醫學研究及對年輕醫師的教學任務，心中所嚮往的「小鎮醫生」、「海外義診或醫療」、「偏鄉醫療服務」，總是出現在忙碌中稍事休息的片刻，或只能是臨睡前閃過腦海的一念。

2004 年春季，開始了在基隆看守所的公費醫療服務，因為監獄專任醫師是公務員，施行上下班制，我每週的工作時間大幅減少。對於喜歡做事、喜歡做研究，喜歡照顧病人的我來說，時間閒下來了反倒是一種失落。

同年的秋季，妻子與我在慈濟人醫會[1]戴素蘭師姊姊的引介之下，一同加入慈濟的北區人醫會，從此開始了我對醫療貧乏區域的偏鄉義診及社區關懷的服務。在它多條的義診服務路線中，我跑

的恰巧是貢寮鄉的馬崗線，其路程比澳底村更遠、更往南、更往東去，最遠的村落已經是很靠近故鄉宜蘭縣交界了。雖然偏遠，但我對貢寮鄉這條義診的路線與點特別地感到興趣。

每逢單數月第 3 個星期天的早晨，從台北出發，經由山海交錯的濱海公路，8 點前抵達貢寮的澳底國小，整裝待發完畢。義診出發行前有上人的開示與祈禱，每一次播放的證嚴上人開示，就是最好的醫學人文教育，其所錄製的 MV 內容充滿著宗教家對社會的憂心與關懷，並引領著醫師致力於病人的病痛與人世間的不平。

行動方便的病人已經聚集在馬崗社區活動中心，等候人醫會義診團隊的到來。在互相招手與問候中，揭開我們義診活動的序幕。長者們在醫師的問診中，在閒話家常中傾吐不舒服的心聲，希望醫師給他們診治或健康上的引導。對於不良於行的村民，我們則採逐戶居家訪視的「往診」[2] 醫療關懷活動。

因地處臺灣的東北角，在過去訪視的日子裡幾乎有一半是下雨天。團隊的成員因為是志願的義務性質，大家總是不畏風雨，不因惡劣氣候而停滯不前，反而是興高采烈熱情不減。每每分配好工作之後各就各位，我和戴素蘭師姊、魏建清師兄帶領著護理師、藥師、社工師等人，展開為馬崗線鄉民的義診服務。有時候往往義診到一半時，毛毛雨停了，太陽也會靦腆的露出些許笑容來。

直到 2019 年的今天，這一條義診路線，我仍舊是孜孜不倦地經營且樂在其中，每一家的老人和家屬都把我當成是他們家庭的好朋友。我依舊帶領著由中醫師、護理師、藥師、社工師、住院醫師、PGY 醫師[3]、實習醫師所組成的醫療關懷團隊，鄰里巷弄挨家

挨戶的往診服務。

　　義診的服務期間，曾經多次遇到花蓮慈濟醫學院的醫學生、台北慈濟醫院熱心於偏鄉醫療及人文關懷的住院醫師隨同參與。此外，在過去的某個時間裡，慈濟人醫會的貢寮鄉義診服務也受到臺灣老年醫學會[4]醫師們的關注並前來觀摩，眾人對於這種型態的醫療服務，總是投以佩服與欣賞的眼光。

貢寮鄉的馬崗村位於台灣島的極東點

馬崗村地處新北市最東邊的端點（也是臺灣島的極東點）。

/ 臺灣極東點的醫療人文關懷 /

臺灣極東點「馬崗村」是老人與海的村落，帶有鹹味的海風，吹拂著老人的臉龐與門斗上鹽噬的門牌。一切的人事物都呈現緩慢幾近於靜止狀態，歲月與世人似乎都遺忘了他們。這些留守的老人們生於斯、長於斯、成於斯也老於斯，兒孫們要他們一起到都市去住，但是他們捨不得離開曾經努力一輩子的漁港，情願守著孤獨過活。

他（她）們是討海人，一輩子靠海吃海，工作的勞苦讓他們鍛鍊出很好的體魄，年輕時有的人是漁夫、有的是擅於潛水的海女。退休幾十年後的他們，雖然長壽，但難免有著老化、血壓、血糖、骨骼關節或骨質疏鬆等問題。

海邊的偏鄉醫療本來就不足，再加上到診所或醫療站存在交通上阻隔的問題，讓看病成為一種奢侈。此外，老人的健康醫療除了訊息傳遞延緩之外，還有缺乏接送人力的問題，所幸人醫會的義診彌補了偏鄉的醫療缺憾。它在既有的保健站提供的基礎醫療上，

透過義診或往診的行動，追蹤慢性問題之外，也解決老人新衍生的種種不適症狀或使用藥物上的問題，同時為老人帶來慰藉支持與快樂。

每逢義診日，我總是雀躍不已，急著想要去往診關心及服務，浮上心頭急於想知道的是：

阿海伯仔血壓控制比以前好多了，妻子 2 年前過世後更形孤單。很幸運地，他的外籍看護工很細心很勤勉。但是尾骶骨褥瘡進步得怎麼樣？外傭換藥技巧到位嗎？

里港伯仔因為喪偶之後，很短的時間內又喪子，更加惡化了他的憂鬱症。要記得詢問他的社交活動及鄰居的互動情形，關心他的菜園子裡農作物的種植長得好嗎？因為那就是代表著他耕作的「心田」。

秀梅伯母因著骨質疏鬆而產生的痠痛，吃止痛藥會惡化她的慢性腎病，請她規律地到庭院走路增強肌力及曬太陽補充維生素 D。

阿菊伯母快 80 歲曾經中風 4 次及癲癇，喪偶後獨居在海邊的自宅，不肯跟女兒同住。女兒們雖在家裡裝設攝影機遠端觀察，但是對生活機能的增進沒有幫助。請她住新北市的女兒來找我們開巴氏量表聘請外勞，增進老人的生活品質與安全性。

一對高齡的姊妹淘，多年來兩人總是相偕來看義診，從年輕時就是海女工作。一位患有失智症高血壓、另一位骨質疏鬆。骨質疏鬆這一位海女，半年前膽囊炎手術後，體重下降到不足 40 公斤並且食慾變差及臥床。除了開立刺激食慾的藥品治療，以增加她的進食量，不知她的體重和體力恢復多少？

在義診的日子，老人或病友們總是在家裡引領企盼我們團隊的到來。義診團隊為他們帶來身心的關懷、醫藥諮詢、復健、治療效果的評估、治療副作用的諮詢、營養，必要時，還會與他們工作在外的子女們來個「即時通電話」，即刻溝通解決長輩面臨的健康問題，偕同他們共同關注老人的安康與生活。

義診的「行善」與子女的「行孝」相輔相成，不只補足偏鄉醫療的不便與不足，更讓他們的心靈得到慰藉，為他們帶來熱情與希望。即使是人口繼續在老化，老人逐漸在凋零，但這樣的關懷十幾年來未曾中輟過，使得人口外流的偏遠社區之長者生活順暢無憂。

對於我所負責的貢寮馬崗線社區病人健康上的大小事、生活機能及活動力等等，總是縈繞在我心頭，而老人家心靈上的陰晴圓缺更是我所在意之處。畢竟是醫療諮詢、就醫極為不方便的偏遠村落，久而久之，我為了追蹤病情或聯絡後續醫療上的需要，經常不吝把我私人手機號碼留給病人與其家屬，方便他們在有必要的時候，可以與我連線做即時的電話諮詢。

週間的日子我在都市的這一頭，忙完日常醫務，心中總是懸掛著傍海而居，老來相伴廝守的那對老夫婦、還有守著 30 多年「甘仔店」的眼盲阿公⋯⋯。迎著冬天海風颯颯，孤寂的心靈伴著身體的病痛，在歲末寒冬愈顯滄桑，只希望我們的努力所稍來愛心與關懷，能增進他們生活上的舒心，進而溫暖他們孤獨的心！

/ 人醫大愛，走入生命 /

▶ 節錄自 2017/01/31 慈濟全球社區網「人醫長情大愛，走入生命」劉振江、曾蕙慈／臺北報導

20 17 年 1 月 15 日，原本是慈濟北區人醫會二隊關懷的新北市貢寮區義診，今天傳承給人醫會第一隊，團隊不同但關懷依舊。細雨綿綿，寒風刺骨，大家不畏寒冷，還是抱著滿腔熱忱，來到貢寮區參加兩個月一次的義診。

貢寮區的範圍很廣，為了服務更多鄉親，今天的義診在澳底國小、貢寮活動中心有二個定點服務，還有龍門里昭惠廟、和美里保安廟、福隆里東興宮、福連里馬崗利洋宮四個居家關懷點，及貢寮里、雙玉里兩條往診線。

挨家挨戶，撫慰身心

受到冷氣團及東北季風的影響，一陣陣冷冽的風雨，在東北角

不停的下著，另外原本規劃在馬崗社區活動中心的義診服務，因氣溫驟降，又外加風雨，醫護團隊擔憂長者外出受寒，決定挨家挨戶前往關懷，大夥兒頂著斜風細雨徒步至長者家中。

「阿嬤恁好，阮是慈濟來看恁！（臺語）」醫護團隊一進門，即向在家中的吳阿嬤問候，「真拍謝，這呢寒擱呼恁來！（臺語）」吳阿嬤見到熟悉的醫護團隊到來，親切地招呼著。看完後，吳阿嬤聽到林啓嵐醫師要她和志工去醫院就診時，擔心地問林醫師看完診後會不會送她回來，當她知道志工會載她回家後，便放心地笑了起來。

到下一家，屋內光線有點暗，林啓嵐醫師打開手電筒為江爺爺仔細檢查口腔，並詢問身體近況。接著到林阿公家，護理師戴素蘭向林阿公示範抬腳翹指的動作，可以增進腿部的血液循環。

負責福連里馬崗醫療服務的護理師戴素蘭表示，參與義診有十幾年了，因為都關懷同一線的長者，所以和長者們的感情就像家人一樣會相互關心。像今天天氣寒冷，長者們看到大家前來，也會噓寒問暖地問：「這麼冷，怎麼還來？」

戴素蘭為長者們量血壓，今天長者們的血壓幾乎都偏高，其中一位的收縮壓甚至超過 200 mmHg，確實讓人很擔心，而開立臨時的降血壓藥治療。還好都有當地志工關懷陪伴，後續的追蹤及就診需請他們接手協助。有些長者有外籍看護照顧，團隊也會告訴長者要像家人一樣愛護外籍看護，她們也就會像家人般地照顧我們。

長年關懷，病者為師

除了關懷馬崗社區的長者，車子沿著濱海公路，朝向新北市與宜蘭界線行駛，由當區志工引導，探訪散落在濱海公路沿線小聚落的長者，每一處聚落，如同一小迷宮，若沒緊跟著引導志工的腳步，一轉彎即不見人影；這些漁村聚落，在寒風細雨中更顯得荒涼，所幸長者們有當區志工長期關懷、互動，及人醫會醫護人員定期照護，讓空寂的漁村聚落尚有一息溫暖。

自 2004 年開始，林啓嵐醫師參與這一線的義診有十多年；他表示，這十幾年的義診經歷，讓他從長者們的身上，學習到課本學不到的醫病關係，並改變他對病人的刻板觀念，表面上是為長者看診，但實際上這些長者都是他的老師。從長者身上，瞭解醫療不僅需對症，還與患者居家生活習慣、居家環境、用藥觀念等有密切關聯。

平時在診間與病患互動瞭解的機會，就僅僅看診那一小段時間，而義診時，可以走入病患的日常日活中，更貼切地認識患者，並獲取更完整與醫療有關的資訊，這些都不是課堂或書籍中可以學習到的寶貴經驗。

在偏鄉，大多數的長者不是獨居，就是依靠外籍看護的照顧，二個月一次的義診關懷，或許無法為長者們提供即時的醫療需求服務，但對長者而言，義診服務也許可慰藉其內心或精神上的空虛，期待長者及醫護團隊間的長情大愛，能綿延不斷，讓愛散佈在人間需要的角落。

證嚴法師云：「能付出愛心就是福，能消除煩惱就是慧。」很多人是第一次參加義診，因為心中有愛，付出無所求，讓大家都法喜充滿。

NOTES 註釋：

1　慈濟人醫會：於民國六十一年，在花蓮市仁愛街成立義診所開始。之後逐步發展，現在慈濟人醫會是附屬於慈濟基金會的一個醫療專業功能組織，匯集各地醫療資源，訓練各工作層面志工，推展國內及跨國慈濟醫療服務，配合慈濟國際賑災行動而展開醫療救助；此外，支持臺灣慈濟醫療網的建設，並定期開展社區醫療活動。

2　「往診」是日語，光復後臺語一直衍用這個詞彙，華語應該稱為「出診」。往診的意思是指病人病情嚴重，家屬拜託醫師到他家去診療病人的意思。在今天慈濟人醫會，秉持證嚴法師對於偏鄉有病痛走不出家門的病人，人醫會就主動走入家庭進行診治與追蹤。

3　PGY 醫師：post-graduate year training 即醫學系畢業生的「一般醫學訓練」，訓練期間的醫師簡稱為 PGY 醫師。

4　臺灣老年醫學會：臺灣老年學暨老年醫學會成立於一九八二年，係以研究老年醫學及相關科學之學術，促進老年醫學及相關科學之發展及應用，並加強國際老年醫學會之交流，增進老年健康為宗旨。

重拾白袍返回臨床

歸鄉隱居的志向就算沒有那五畝田園也依然如故，
從醫的本意原在於造福鄉民百姓。

/ 用醫治自家人的態度行醫 /

早年妻子患有風濕性心臟病併嚴重二尖瓣逆流宿疾，猶記得當時我仍在住院醫師的訓練階段，加上孩子幼小，家庭籠罩在朝夕不保的風險中，我深刻體會到疾病不僅是個人痛苦，也威脅到人的生命長短、工作的波動、面臨家庭的破碎等。所以，從地檢署的法醫室回到雙和醫院胸腔科的工作崗位上，我總是惦念著病家的苦楚，懷著社會的期望，確實扮演好醫師的職責。

一旦家人生病，真是只能用徬徨不安、雞飛狗跳來形容。尤其被醫生宣判病情已到窮途末路，別說是一般人，即便是醫生、學者等高級知識分子都不例外，都會開始嘗試以偏方、民俗療法或求神問卜，來尋求一線希望。

在醫院待久了都知道，臨床上困難或不典型的病例，從病人的疾病症狀到求醫診療，再到正確診斷的確立，其所花費的時間不一而足。有些病只需十幾分鐘的問診及身體診察加檢驗就可以診斷出來，有的則需要住院幾天診斷，甚至需要多次回診才能確認。更有

甚者，少數疾病有可能囿於醫學科技，即使到臨終迄無診斷，查無病因也並不罕見；也有診斷出來後的數個小時或數天就死亡的個案也時而有之，令醫者惋惜不已。

比如急性心肌梗塞、主動脈剝離，或胃腸道穿孔發生在糖尿病、洗腎、高齡的老人或周邊神經病變的病人，很有可能沒有出現什麼胸痛或肚子痛的症狀。又如任何發生在人體的固體惡性腫瘤（solid malignancy）或血液的惡性腫瘤（hematological malignancy），平時沒有明顯的症狀，病人來求診時已經到了癌症末期病入膏肓，或是瀕臨腫瘤急症（malignant emergency）的危急狀態了。

我的病人多半是醫療專業圈外人，或是對自己疾病沒有什麼自覺或病識感（insight）的型態。都是直到身體發生嚴重不適或干擾到他們的生活起居，才揪著一顆忐忑不安的心來求助於醫師的醫療專業。我總是不捨他們的痛苦，心想如果問題是發生在我自己或家人身上該怎麼辦？他們的家人一定也焦急如焚。

另一方面，也感謝病人對我的信任，願意把最要緊的生命問題託付給我。在態度上，我總是將病人視同是自己的家人般照顧、醫治、盤算考量，早晚省思醫療對策，觀察病情上的微量變化。一如親愛自己的家人一般，殫精竭慮來求其好，求其免除疾病與苦痛。

記得幾年前的某個星期天值班日，曾經遇到過一位病人，是一位古老太太，78歲，有糖尿病宿疾多年，前一天下午才剛剛從北臺灣某醫院自動出院，轉來到本院接受 ICU 治療。初步的診斷為雙側肺炎合併膿胸、敗血性休克，呼吸稍微費力需要用氧氣罩，同時

也合併有急性腎衰竭的情形。到本院後的十幾個小時後，抽血、生化、血液細菌培養、新的 X 光片報告陸續出爐。早上 8 點交班後，我決定即刻召集家屬做病情報告與治療策略的商討。告知家屬古老太太病況危險的事實，並依血液細菌培養報告修改了抗生素。雖有呼吸衰竭要插氣管內管的威脅，以及因寡尿而有需要洗腎的風險，但目前尚在密切觀察中，可以每 8 小時抽一次動脈血，看代謝性酸中毒與血中氧氣分壓來決定。

由於雙側膿胸需要插胸管做侵入性的治療，引流胸腔內的膿液以緩解敗血性休克。所謂的插胸管是在胸壁上鑿一個小洞，再放引流管子的技術，對我們而言已經有好幾百次的經驗了，但是對病人及家屬則是頭一回。除了解說手術的利弊分析外，也說明風險及操作的程序。為了讓家屬放心，我還特別用畫圖來解釋給家屬明白，也告知係由合格的專科醫師來操作。最後我再補上一句：「我們會小心操作的，請您們放心！」

放好管子的胸部 X 光片，引出來的膿液隨即就請家屬們進來 ICU 看。接著是我值班按時來回多次的身體診察的評估（physical examination）與生理的監測。每當有數據出來，即召集在院守候的家屬來解說與討論。記得有一筆重要的抽血數據在凌晨 2 點出爐，我把在休息室睡覺的老太太兒子叫醒，針對伯母目前的情形、治療策略上的微調，以及病況在這幾個小時發展的走向等等進行陳述。

星期一早晨 7 點半交班後，病人回歸原來治療的主治醫師和他的團隊（team），而我也只能側面地去觀察病人病況的後續發展。然而古老太太在爾後的一段很長的住院期間，仍因多重宿疾與病況

變差而過世了。

　　幾個星期後，院長室接到家屬的致函。信中申訴住院期間些許不滿的事項，但對我的部分則是非常感謝。他們請院長嘉獎我在他母親轉院初來到本院時，我對其母親的積極治療與關心。

　　其他個案也是如此，在普通病房或 ICU 照顧病人時，我整個晚上觀察其生理變化與病痛。一俟清晨天亮，醫檢師抽血報告出來了、放射師的 X 光片子上傳電腦了、護理師端的每一個班或一日的生命跡象變化、飲食、水分進出的總合報告也來了。我逐一閱讀比對分析後，除了調整醫療的方針與策略外，並召集家屬前來聽取病情解說與對病況走勢的預測。因此，即使是砭石無效的疾病，經過我的解說後，病人家屬們都能認知與理解，家屬們對醫院的溫馨與感謝也洋溢整個病房。誠如 Hippocrates 所言：Cure sometimes, treat often, comfort always.（作者譯：也許有時病人能得到治療痊癒，但必須時常施與病人治療，及永遠總是給予病人帶來舒服及安慰）。

　　事實上，我遇過的病人或其家屬，面對疾病難免極度憂慮徬徨，非常需要醫師引導他們走過這一段艱辛且不可逆的路。只要醫師用心聆聽病人的心聲，不厭其煩的去解析病情和病況，家屬及病人自然而然地心存感謝。

　　在今天，很多的臨床科無不抱怨有太多的醫療糾紛，甚至進一步影響到年輕一代醫師畢業後選擇服務的科系，形成內科、外科、婦科、兒科、急診科等大科偏冷門的窘境。如果每位臨床醫師，對病人都能以對待自己的家人般的關懷並秉持謙虛與誠懇，其實不必要的誤會和訴訟將會減少許多。

雙和醫院民眾暨員工意見反映表

您好！感謝您花時間留下寶貴的意見，使我們有更多的機會去改進。請您務必留下能儘速與您聯繫的方式，並詳述事件發生之人、時、地與過程，讓我們可以針對問題予以說明回覆，我們也相當期望能得到您的鼓勵與支持，不週之虞，尚請見諒。

案件編號：＿＿＿＿＿＿＿

案件來源	☑投書　□電話 □現場　□其他	發生單位	□門診＿＿＿＿科 □ □批掛櫃台 □藥局 ☑其他
☑表揚	□建議	□申訴	□詢問

事件經過

本人 ＿＿＿＿ 因急性敗血症由 ＿＿＿ 醫院轉診到 貴院內科加護病房第2區。非常感謝林效尚主任及護理長的貼心照顧，尤其是星期天.日2天林主任仍然堅守病房隨時注意我的病情變化，所以在此再感謝一次林主任及全體照顧我的護理師。

備註：陳佩瑛、羅立全、隋亞芸、陳秀雯、汪惠萍、葉沛寧、蘇育珣、薛慈凡；等護理師。

孫建萍 護理長、賴意如專科護理師。

以上是照顧過我的相關人員。謝謝

填寫時間：9月30日

姓名 ＿＿＿	是否需 要回覆	□是 ☑不需要	聯絡 方式	□電話＿＿＿＿ □E-mail
事件發生時間	9月19日	填寫者	□本人 ☑家屬 □朋友 □其他	

【以下由工作人員填寫】

處理過程	年　月　日　□電話 □信件 □現場說明 內容：＿＿＿＿＿＿＿＿＿＿＿＿＿＿＿ ＿＿＿＿＿＿＿＿＿＿＿＿＿＿＿＿＿＿ 其他：＿＿＿＿＿＿＿＿＿＿＿＿＿＿＿＿ □結案　□持續追蹤

臺北醫學大學・部立雙和醫院

FFE900022 G

（社會工作室 TEL:22490088）

病人家屬致函院長室表達感謝。

／病人的迴響與商業周刊的推薦／

從擔任住院醫師起，總喜歡與病人溝通與對話，每天聆聽病人症狀或主訴（complaints）上是進步舒服或是惡化痛苦，想盡辦法改善治療，並藉此給病人做衛教。我希望病人除了藥物治療之外，也能改變生活型態，透過運動及復健來改善健康狀態。可能是年齡上的關係，我給人的感覺穩重，因此病人及家屬喜歡聽我解說病情，對我說的話較為信任。

日常，我總是孜孜不倦於病人的病況、關心病程進步的情形。常常以「病情如逆水行舟，不進則退」，或是「病情沒有進步就是退步」來砥礪或評量自己的治療技術，是否與時俱進。

2009 年公費服務完畢，重回臨床的隔年起，經常收到病人或其家屬的感謝卡片，以及致院長信箱的感謝函。某日跟我的住院醫師來恭喜我說：「老師您的醫療不只是網路上受好評，同時也上了《商業周刊》良醫版！是怎麼做到的？」他請我傳授他，想要跟我學成為良醫的「祕訣」。我聽到上良醫版的時候甚感意外，誠不知

是哪一位病友推薦的？

其實經過五年半公費服務生涯的磨練後，不可否認無形中對我產生潛移默化的影響，而影響所及，是否讓我在臨床照顧病人上確實起了微妙的變化？關於這一點，連我自己也疑問了好長一段時間。

在雙和醫院胸腔內科服務之初，我刻意在星期六的早上安排門診，希望能服務週間需要上班而沒空來看診的民眾。所以，星期六早晨上診前，我必先看過昨晚（星期五）新收住院的病人與昨晚病情不穩或有狀況的病人，待這兩者都安定後，我才能安心上診。等到午後下診，用完午餐，再繼續查房看看其他病人，每次也都是接近黃昏才能把病人一一查完。

在平常進行醫療行為上，我總是給病人就醫流程上的方便性、侵入性檢查的安全性，治療上除了效能之外尚須化繁為簡，並嘗試去明瞭病人的心靈反應及負擔。很多內科的病人，只要有任何器官功能不足或衰竭（major organ insufficiency or failure）一段時間，都會合併著不等程度的憂鬱症（depress mood）。如果及早、適時、適當介入給予關注，疾病的治療及控制會更好，病人預後的狀態或居家生活品質將會大幅提升。

另外則是，有 2 到 3 成甚至更多的內科病人是 80 歲以上的特殊族群，他們屬於「高度脆弱或高度風險」的病人族群。在照顧上，須按照老年醫學的原則與要領去落實，才能有助於他們恢復健康與維持生命品質。

在科內，臨床工作我都是親力親為，日復一日的實踐，以在無

形中影響每一位院內的年輕醫師。記得我在林口長庚晉升為主治醫師，需要為病人醫療負全責後，就養成每天查房 2 次的習慣；早上是 medical round，下午是我自創的「social round」！

　　早上是大家都知道的，帶著醫療團隊及醫學生查病人的臨床

▶　資料來源：2011 年的商業周刊良醫推薦網頁。https://health.business
weekly.com.tw/IDoctor.aspx?id=DOC0000002748）

問題、更新診斷、訂定治療策略、衛教及用藥問題等等。下午的
social round 比較自由，多半是我自己只帶著住院醫師或護理師，
看看早上是否有遺漏或看走眼的問題；或是針對本日新發生的問題
或狀況或不安的情況來處置，予以重新評估及解決。

在 social round 這個環節，如果病人全無問題，我除了給他們
進行心理或情緒支持外，同時為其進行疾病的衛教、居家復健、營
養進食、運動保春、預防跌倒、用藥的安全與須知、多科用藥的整
合等等。

待病人的情況都順利無慮，我才能安心地交班給當天的值班醫
師，再踩著星月下班回家吃晚餐。

/肩負建置人性化的加護病房之責/

雖然開幕不到 5 年，雙和醫院已經在臨床服務量、教學及研究上都蓬勃發展，且在國內醫界已達一定的水平，問鼎醫學中心是醫院的宏大目標，也是地方及政府殷切的期盼。

創院之初，我們醫院加護病房（intensive care unit；ICU）的「專責醫師」是由各臨床專科醫師來兼任的 open system[1]。個人因為受到雙和醫院的信任指派為 ICU 病房主任，目的是為了發展 ICU 的重症醫學科科務與健全人力，並與施雅玲護理長（之後為雙和醫院護理部督導長）協同，籌備即將到來的 2013 年醫學中心評鑑。

於是我在 2012 年的 6 月，開始了「全職」ICU 專責醫師旅程。

在我的信念中，任何工作中的職位並不是主要的問題，重要的是：在效忠及保障病人的前提下，能做到什麼呢？

「Mockup 建築」實現夢想中加護病房

一般加護病房的空間設計是由設計師、建築師所規劃制定出來

的，反倒是使用建築空間的人員沒有參與或置喙的餘地！著實令人匪夷所思。而且建築界也認為醫院建築的需求是最複雜的，因為不同的臨床科、不同的治療需求、不同的醫療制度、不同的風俗文化背景，都增加醫療機能需求的多樣化及獨特性，自然也提高需求的複雜度。

若依據傳統建築設計流程，實無法完全滿足醫院建築使用者的所有功能與需求，使得工作在其中的醫師、護理師、所有醫療從業團隊們會產生很多的不方便性，如此將造成醫療從業人員的工作流量（work-flow）增加、工作效能低落、治療的效能或方便性變差。

雙和醫院奉當時的吳志雄院長及台北醫學大學管理發展部門指示，將雙和醫院發展為高水平醫學中心為目標願景，故而援引美國、加拿大等國之建築界發展的 Mockup 概念。

所謂的「Mockup 建築」意指以從業人員的「使用者經驗需求」及「參與式設計」硬體空間概念，在建造過程中，透過 Mockup 的運用，建置完全擬真的環境與設備，其中模擬數種不同重症病人的照護，甚至搶救時的空間尺寸。Mockup 建築設計理念，不僅充分了解使用者的各種需求，也可以有效運用空間。

整個建置過程中，經過醫師群、護理師們、感染管制、建築師的通力合作努力不懈，成功在內科加護病房二區 300 坪空間，建置了 26 床友善於重症病人及醫療從業團隊 ICU 硬體設備，於 2012 年 2 月完成並投入運作。

建置人性化的加護病房

　　我深信，先有團隊人員端優質，始能做到病人／家屬端的可近性。由這兩個方向去達成「視病如親」的友善態度，以及以病人為中心的核心價值，為重症病人服務，就是建置人性化的加護病房的初衷。

　　我們的加護病房有一半以上的床位具有窗景。每室均有大玻璃窗，採光佳、環境優美協調，且具活動窗簾，每床之間以圍簾來兼顧病患的隱私。期盼在這種氣息與氛圍下，能令病人重拾信心，及早下床與復健，與往後的生活燃起鬥志。

　　特大的空間設計使感染控制成效更優，對於重症病人支持器官衰竭的儀器與設備如葉克膜（ECMO）、主動脈內氣球幫浦（IABP）、洗腎機、呼吸器同時擺設無障礙，並可確認其安全性及方便性。

　　還有各種精巧貼心的人性化壁上設計，包括不刺激病人眼睛的柔和燈光、牆壁上活動式桌面、間接的燈光照明、壁上物品櫃設計等等，皆有利於護理人員及各職類團隊照顧病人之效能。有別於時下同儕醫院的建置，外加我們團隊努力於品質的管理與耕耘下，加護中心不論在降低感染率、醫策會所公布各支指標、病人家屬滿意度，都冠於國內同儕醫院。

　　如此人性化的空間設計，有助於醫療團隊達成優良的醫療品質，實為一個醫學與人性調和的重症病房。

推行「病人家庭會議」

從 2012 年我開始擔任加護病房專任醫師起，除了每天 2 次的詳細病情解釋之外，還會另外找時間對每一位新收病人，或是已住一段時間的病人之家屬召開「家庭會議」，與他們進行病情討論，讓病人與家屬都能安心。

加護重症醫術上的精進

為了落實以跨領域、多團隊的醫療服務為病人的生命把關，我總是採取星期一至星期五每天的多團隊查房，團隊包含醫師、護理師、藥師、營養師、復健師、社工師、呼吸治療師等職類。藉由團隊共同發掘問題、腦力激盪、集思廣益，為病人尋求最好的治療。當時我在加護病房主持醫務，全力衝刺於臨床服務，不論是對嚴重敗血症、雙側肺炎（急性呼吸窘迫症）、呼吸道疾患與呼吸衰竭、心衰竭、急性腎損傷、各種感染症、血行動力不穩、極重症或危症、罕見重難症均致力突破其治療，並將其心得服務於國人。

⑴我推行並建立對加護病房敗血症、器官功能不全、衰竭等病人用藥安全性的監測機制，減少因藥物負擔所引起的急性腎衰竭及其他不良反應。並藉由以下的方式介入達成：
- 導入臨床藥師每日參與醫療團隊訪視查房，並提供藥師專業意見與諮詢。

- 藥師進行重症病人處方合理性評估。包括年齡、體重、性別、肝腎功能藥物血中濃度、給藥途徑、藥物交互作用、藥品使用適應症。
- 對重症垂危病人用藥進行監測。
- 對特定藥品監測其療效與副作用及血中濃度。
- 進行藥物不良事件（ADE）監測。

  由於落實上述的藥事方面之創舉，本加護中心因藥物、劑量問題或 medication error（藥物錯誤）需洗腎者微乎其微。相反地，即使是嚴重敗血症或多器官衰竭等病人之用藥，在本單位醫治依然是安全的。

⑵入到 ICU 的重症病人，經常有一到多個器官功能不全或衰竭的狀態，因此消化不好是常態。一般醫院多採禁食的方式處理，但我們的團隊反而強調 trophic nutrition（減量腸道營養）的概念。在一般性的照顧上，做到維護血行動力的穩定、穩定電解質、敗血症或致腸阻塞病因的控制、內分泌荷爾蒙均衡、刪除不必要的藥物等等。由於我們兼顧重症病人的營養，使得病人恢復及預後都比較優。

⑶導入身體復健課程，讓我們的病人恢復得更迅速更好。

⑷ICU 重症的肺炎或慢性呼吸道疾病的病人首重清痰，我們有很好的呼吸治療師與復健師，依照胸腔醫學的策略（airway hygiene strategies）以標準程序在進行。

⑸社工人員結合志工，對病人給予支持、對家屬給予協助，並重視
　病人的社會心理因素與社會壓力。

　　然而，醫師也不是神仙，並非萬能！遇到已病入膏肓而藥石罔
效者、臟器過度損壞者、敗血症一發不可收拾者、嚴重免疫不全
者，或一到院診斷已經是癌症末期者，已經到重症醫療的極限之情
況時而有之。遇到這種情況，我總會親自召集病人家屬，引導入安
寧緩和的概念，為他們述說生命墜落的遺憾與不捨，以及現在床榻
上病人的真正確實狀態。

　　只不過，雖然我請家屬了解與寬心，但內心仍落寞不已。

　　在臨床工作上，除日常照顧的 10 床 ICU 重症病人是常態，
任職期間更值遇 2015 年的八仙塵爆風波，雙和醫院也湧入不少身
體大面積重度燒燙傷的傷患，說明我們有極強的應變力。又國內
在 2016 年 2、3 月間 H1N1 新流感肆虐 [2]，為數不少的新流感併發
重症病人進到 ICU 來接受照顧。在雙和 ICU 所收治的個案，經疾
病管制署確定是流感併發重症的近 20 位病人中，嚴重雙側肺炎到
ARDS（急性呼吸窘迫症）的程度，死亡率降低到 15.8％，在國內
屬名列前茅。所以醫界及在地的民眾們對我們團隊所發展的「新肺
炎治療策略」（New therapeutic strategies in pneumonia）深具信心，
往後都不用再跑去台北市看病。

　　早年許多醫界的朋友相當關心我，咸認為重症醫學太麻煩了，

雙和醫院加護病房榮獲生策會 2015 年度國家品質標章（SNQ）。

病人家屬的感謝函刊登在 2014 年 2 月份《雙和醫訊》上。

病人家屬致感謝函到雙和醫院院長室。

壓力大、醫療糾紛多，建議我改到其他的臨床部門。但我的情形剛好相反。我不僅在 2010 年度被選為雙和醫院優良員工第一名，在我擔當病房主任或科主任的期間，本院 4 個成人 ICU（平均 60 多床）近 7 年間，不僅成果卓著，完全沒有醫療糾紛的紀錄；亦深得民眾信賴與稱讚，民眾感謝的卡片、致院長室書函頗多，有一些更被選來刊登在《雙和醫訊》上。

╱ 知性溫馨的「病人家庭會議」╱

我從 2012 年起在加護病房推行「病人家庭會議」，達成家屬了解病情並實際參與醫療決策之創舉。

加護病房病人的特性是病情處在高度緊張狀態下、病情變化快速、有著器官衰竭或生命危象，甚至可能朝不保夕，病人的性命及整個家庭正遭逢生命中的十字路口！身處加護病房，無論病人還是家屬，無不壓力極大，身陷不安與恐懼之中。

國人雖然受到全民健保的保障，但病人與家屬大多對先進的醫學仍舊是一知半解，況且醫院給一般人的印象是鐵衛門般的生硬，而且感覺醫師特別忙碌，通常願意留給病人家屬說明病情的時間只有短暫片刻。

加護病房是如此的一個特殊醫療單位，病人因著重大的生命威脅，需要醫院大量醫療資源的挹注、國家健保的支援，以及醫護團隊孜孜不倦，夜以繼日的密切照顧。

由於醫師與病人之間存在著知識和訊息的不對等，再加上醫學

實在太過專業，家屬對家人生病沒有經驗，又因家人生病帶來的憂慮和情緒上的種種不安，有時候即使醫生「覺得」自己已經講得很詳細，但家屬多半還是有聽沒有懂，使得雙方在病情的溝通上容易出現種種的障礙，因而種下日後醫療糾紛的遠因。

因為具備專科醫師的成熟度，並且在大醫院實際負責醫務的經驗，我在檢察署當法醫師的公費服務期間，也經常目睹檢察官們審理醫療糾紛案件，我當時就一直思考著，醫師與病人之間的三個基本問題如何求解。

- 問題一：來日倘若重新回醫院執業，我要如何與病人家屬解釋病情？
- 問題二：醫療上診斷與治療的即時性，如何可以最快速達成？
- 問題三：用什麼樣的方式給病人，才可以達成最安全的診斷及治療？

我反覆思索這三個問題，並且在回到臨床後，用這三個問題不斷審視與要求自己必須確實做到。

因此從 2012 年我負責加護病房醫務起，除了每天 2 次會客時間詳細解釋病情之外，還會另外再找時間，特別對新收的病人、有新的診斷出現或是關鍵性的檢查報告出來、發生重大的病情變化、或住院後每一個時間間距，都會跟每一床病人家屬召開「病人家庭會議」，依病情嚴重或複雜程度，進行大約 25 到 60 分鐘不等的系統性詳細解說，之後接受家屬發問問題（即 Q&A）。用病人家屬

聽得懂的言語或比喻來詳細解說病情，以親善家屬的態度，讓家屬即時了解病況及醫療問題之所在，並且把醫療選項帶回家討論或思考，使他們能實際地參與醫療決策。

其中 Q&A 雙向的問題與回答，解答病家的疑問或是不滿。用尊重人性與病人的原則，打破加護病房是「銅牆鐵壁」的刻板印象，達到家屬了解病情並實際參與醫療決策的目的。

遇有多種治療選擇方案時，分析不同選擇所面臨的利弊得失，方便家屬們做決定。此舉不但拉近醫生與家屬的親近，同時減輕家屬的煩惱與憂心，更能藉此增進病家與醫方的互相信任，自然能夠減少誤會與糾紛的發生。

我們的加護病房在家屬對病情了解程度、家屬參與醫療決策、病人家屬的加護病房滿意度等三項指標，在病人問卷回饋均得高分，創新之舉獨步國內、外（引用自 2014 國家品質標章申請書資料）。藉由每天 2 次的病情解釋，除了解說病情的發展之外，並同時衛教家屬及主要照顧者，使得這一重症垂危被救治回來的病人在轉出本加護中心後，照顧者能順利接手照顧，令病情恢復繼續進步。

因著這樣的做法，我們加護病房轉出的病人「48 小時重返加護病房」、「出院 14 天內再行住院」、「出院 30 天內死亡率」都比較低。除了使重症垂危的病人得到最有效能的照顧與恢復之外，也能大大減低政府與健保署的資源與支出。

我們的醫療團隊落實以病人及家屬為本位，做到重症病人的軟、硬體面的人性化照顧。也一直秉持並期盼在已全球聞名的臺灣

健保制度基礎下，因著落實精緻的軟、硬體及人性化照顧，而能更上一層樓。持續給世人耳目一新，洗去病人家屬對加護病房的恐懼與不安，以及醫院是鐵衙門的刻板印象。

經過我們醫療團隊的悉心照護，不論是完全康復、殘存小後遺症者、或不幸未能救治而回天乏術的病人，家屬們都以卡片或書函，致謝及肯定本加護病房的付出。

例行性的「病人家屬會議」，讓家屬了解病情和實際參與醫療決策。

記錄在病歷上的「病人家屬會議」紀錄單。

/ 分秒必爭的重症病人 /

加護病房的重症病人病況是極不穩定的，疾病的魔鬼正在鯨吞蠶食病人的生命。假如沒有強而有力的醫療介入，漸漸地，病人的生命正趨向於灰燼，燃燒完畢永不復返！

面對如此詭譎多變與不穩定性的病情，醫學診斷上貫用的單一性或是一元性，在這裡受到嚴厲的挑戰與質疑。因為病人會用病情的每下愈況或死亡，殘酷的告訴醫師什麼才是病情的真相。

為了更加確實的診斷，故而審慎的病史詢問、詳細的身體診察，甚至運用各種介入性的工具來得到造成病情惡化的真相，因此加護病房的重症病人被醫生下第二個、甚至第三個診斷，絕對不是什麼新鮮事。

另外一方面則是人情倫理上的拉鋸戰；宗教與文化習俗的互相牽絆困擾，究竟要積極治療或是採取保守路線？即使醫師對治癒病人有 3 成的期望，但家屬仍惟恐過多的醫療會給病人帶來更多的痛苦。再加上高齡、宿疾、家屬的人力、經濟能力、保險等因素，各

方面的考量都需納入選擇醫療的範圍之中。

有的病人因著有效能的重症醫療，可以起死回生，有幸得以重新回到工作崗位上，或重新回到家庭繼續安享天倫之樂。康復之後的他們，與重病期間與死神拉鋸的時候，實在判若兩人。

葉克膜橋接 CPR 個案

一位 H3N2 病毒引起流感重症的 36 歲 K 姓男性病人，發生心肌炎後併發反覆的心室顫動[3]（ventricular fibrillation）及心因性休克。經重症醫師迅速的施行心臟去顫電擊後，心臟外科即予接上葉克膜（VA ECMO）維持心臟循環功能。

數日之後，病人逐漸康復，順利脫離葉克膜（ECPR; ECMO[4] assisted cardiopulmonary resuscitation）及呼吸器，平安出院返回工作崗。

Good 症候群病人發生肺部巨大膿瘍

49 歲的 L 先生係罕見古德氏症候群[5]（Good syndrome）的免疫功能不全病人，規則地在某醫學中心定期補充靜脈注射免疫球蛋白[6]（intravenous immunoglobulin, IVIG）。幾年前曾經發生肛門旁膿瘍及弗尼爾氏壞疽[7]（Fournier gangrene），經過治療痊癒的歷史。

本次他因劇烈頭疼、發燒合併步態不穩前往神經內科求診，臨床上因為頸部僵硬及步態不穩的神經症狀而被收到病房治療。腦脊

髓液分析顯示為病毒性腦炎，腦脊髓液血清學顯示單純疱疹病毒抗體（herpes simplex virus antibody）增加及 PCR 檢測出單純疱疹病毒的 DNA。並且核磁共振影像顯示病人的延髓有浸潤性病灶，故而神經內科醫師迅速的為其施與靜脈注射抗病毒藥劑 Acyclovir，以及補充其體內免疫球蛋白 G（IgG），直到正常的血清值範圍。

然而禍不單行，沒想到接著 L 先生右下肺葉肺炎迅速發展與惡化，形成巨大的肺膿瘍（lung abscess），在肺部電腦斷層下，其外壁直徑達 9 公分。因為呼吸衰竭和敗血性休克，插氣管內管後轉到加護病房來治療。在微生物學培養報告還沒出爐之前，我即刻選擇廣效抗生素去涵蓋可能的致病菌。

在後續治療的時間裡，雖努力幫病人做痰液引流，效果仍然是有限。由於肺膿瘍停滯不前，遂採外科方式施以肺葉切除，終於肺膿瘍逐漸地被克服並痊癒下來了。只是接踵而來的是因為肺膿瘍造成的氣管破損仍舊持續存在，氣管一直在漏氣，這種「氣管—肋膜瘻管」[8]（bronchopleural fistula）的症狀非但無法脫離呼吸器，而且後續極容易發生感染，甚至有極高的死亡率。

於是接下來由精巧的胸腔外科與整形外科醫師聯手上場，進行闊背肌皮瓣（latissimus dorsi flap）重建手術，將闊背肌皮瓣轉入胸腔內，把「氣管—肋膜瘻管」的洞給封閉起來。所幸手術一切安好，病人術後很快的脫離呼吸器，並轉到普通病房復健、順利出院。

往後的幾年裡，L 先生定期回胸腔科門診給我追蹤病情，每每想起加護病房近 60 天的困苦與憂心，讓他對醫療團隊給予的積極

治療非常感恩，感謝之聲不絕於口。

張力性氣胸引發心跳停止

73 歲的 M 先生有 50 多年抽菸的歷史，近年來常因為喘而住院多次，所以胸腔科病房的大家都認識他。只是這次比較嚴重，因慢性阻塞性肺病急性發作併發呼吸衰竭住進加護病房。

入住加護病房隔天的小夜班裡，他在心搏速度變快 2 分多鐘後心跳隨即就停止，團隊隨即啟動心肺復甦術（CPR），因為左胸呼吸聲音特別小聲及左胸鼓脹，扣診時呈現鼓音（tympanic in percussion），呼吸潮氣容積只剩下 210 毫升，應該是張力性氣胸[9]。

團隊一方面進行心臟按摩；另一方面，我即刻在左胸鎖骨中線稍外側的第二肋間處插入 18 號導氣針。在一陣「咻……」洩氣音後，病人心跳及血壓恢復回來了。接著在消毒病人皮膚後，迅速地由左胸腋中線稍前處插入 32 號胸管，引流肋膜腔過多的氣體壓力。這是張力性氣胸引發心跳停止被迅速救治的個案。爾後 M 先生順利轉出加護病房，之後仍規則回到胸腔科門診追踪治療，以及做胸腔復健。

險象環生的多器官衰竭的病人

66 歲的 P 女士務農，因為肩頸部持續一星期痠麻不已而到神經外科來求診。在高度懷疑她是頸椎骨刺的情況下住院，以進一步診

斷治療。主治的神經外科醫師在完整的檢查評估之後，發現 P 女士不是骨刺、椎間盤滑脫、脊椎病變或其他周邊神經的疾病，相反地她神經系統是正常的。

　　但在這個時候，麻煩的事情發生了。P 女士住院之後，發生逐日體力衰退、發燒、食慾不振及倦怠。她的情況持續惡化到會喘到需要用氧氣面罩，又排尿量減少、胸部 X 光呈現肺野浸潤，抽血檢驗呈現急性腎衰竭、黃膽、酸血症現象，而且連心肌旋轉蛋白 I（cardiac troponin-I）與發炎指數都上升。從影像檢查的顯影劑或藥物所引起的情況已經被醫師們排除掉了。

　　如此整體看來，應是某一種內科疾病的持續進行（progression），只是發生的初期用「肩頸部痠麻」的症狀來表現之，但真實的病因則是潛藏於後。

　　病因不明讓積極優秀的神經外科醫師備感壓力，於是迅速地將急性腎衰竭問題會診腎臟科、黃膽問題會診肝膽腸胃科、胸部 X 光浸潤問題會診胸腔科、心肌旋轉蛋白升高的問題會診心臟科醫師，請各方會診提供意見，以求進一步穩住惡化中的病情。就在諸位意見上分歧、莫衷一是之際，病人的病情已嚴重進展到呼吸衰竭插管、休克及排尿量減少，轉到加護病房照顧。

　　所有的重症醫學科醫師都有著一種莫名的勇敢，即使面對茫然不知且眾人畏懼的病情，也要銜命以赴並且埋頭往前衝。

　　接手治療工作後，我詳細瀏覽她過去的病史與接觸史。除了用藥物維護其血行動力穩定之外，密切監測她的酸血症狀態，並用藥物誘導尿液的排出。另一方面，從病人的臨床表現及目前我的檢驗

數據分析來看，她得到的極可能是某種未知的感染症合併敗血性休克。至於急性腎衰竭、黃膽、酸血症、胸部 X 光浸潤、心肌旋轉酵素與發炎指數上升，這些都只是感染症引發敗血性休克的一個環節或是表徵而已。我同時選擇了適當的抗生素來使用。此外，也以「鉤端螺旋體感染」[10] 和「不明原因肺炎」通報疾病管制署（CDC）來進行查驗。

兩天後，病人的尿液量逐漸開始好轉，酸血症也逐漸恢復，原來準備要洗腎的狀況也暫時解除警報了。由於使用的藥物奏效，使得原本的所有不正常的抽血數據卻也逐漸恢復回來。同時胸部 X 光片浸潤轉好，病人順利拔管。

就在病人即將轉出加護病房的同時，疾病管制署的檢驗資料也出來了，證實是「鉤端螺旋體」感染所引起的敗血性休克。

照顧有醫療糾紛的重症病人

星期六接近中午的時候，急診張醫師來電，表示剛剛接到一位從友院的外科加護病房自動出院的病人，病人目前呼吸衰竭，需要加護病房的床位進行後續照顧。比較特殊的是，病家與友院正在進行醫療糾紛的調解中，加上病人的問題需要跨科的整合性醫療，急診張醫師希望由加護病房主任接手來照顧。聞訊的剎那，我的腎上腺素也衝了上來。

我瀏覽病人的病情是這樣子的：C 女士 51 歲大腸癌第四期，她的先生和家人陪同抗癌已經八年多了。因為兩個孩子還小加上夫

妻鶼鰈情深，過去始終以抗癌為第一選項。八年多前，大腸癌初診斷是第三期，在當時用手術切除加上化學治療，暫時控制住，只是不幸的在手術的兩年後再度復發。愛妻心切的 Y 先生帶著妻子遍訪國內各大醫院的名醫，從標靶藥物到各種先進的免疫治療都嘗試過了。

然而癌細胞仍按其程序慢慢的在進展。目前 C 女士腹腔及股盆裡長滿癌細胞（peritoneal carcinomatosis），不但堵塞大腸還堵塞輸尿管。友院為解決其輸尿管堵塞無法排尿的問題，進行經皮腎臟造瘻[11]手術（percutaneous nephrostomy, PCN）。不幸的是，在進行經皮腎臟造瘻時誤插到病人的膽囊；同時地，原本已經存在的肺炎繼續惡化成急性呼吸窘迫症（ARDS），呼吸衰竭需要插氣管內管。接下來幾天治療沒有進步，以致她先生忿而辦理自動出院，並向衛生局告發及提起醫療訴訟之議。

在了解病情的大概後，我即刻前往急診部診視病人及見家屬。在看完病人後，隨即跟病人的先生對話。我先介紹自己的醫療背景，表達係受急診部張醫師請託前來關心 C 女士病情，並且告訴他，本院在急性呼吸窘迫症治療的水平與台北市各醫學中心一樣沒有差別。我告訴 Y 先生定會努力以赴，請家屬要有信心，而我所表達的謹慎與關心之情，Y 先生也感受到了。

當時 Y 先生也要求我把手機號碼給他，以方便溝通病情，我亦爽快答應了。接下來我們彼此聊了一下，原來他們夫婦是台南鄉親，年齡和我相近，Y 先生更是國內某領域的專家，擁有國外的博士背景，他似乎對成大醫學院畢業的醫師印象很好。言談中，我發

現他是個務實、講道理的人，只是愛妻心切，希望太太得到比較好的照顧與醫療罷了。

接手照顧之後，按我們發展出來的「新肺炎治療策略」[12] 的原則進行治療。此外，我請一般外科、泌尿科、腫瘤科、呼吸治療、營養科進行會診，一併納入治療的團隊。

幸運地，病人的病情逐步改善，14 天後順利拔除氣管內管。C 女士在拔管後可以說話，握著我的手表示感謝並且說：「林醫師喔，感謝你，救了我一命！我從前因為不眠不休地幫忙家裡做事業，累出病來。否則吃素的人怎麼會長大腸癌！」之後的幾天病情更穩定，順利轉出加護病房。

由於是院外醫療糾紛的病人，院方社工室更是關注此病患。Y先生親自去面見李院長，對本院加護病房醫療團隊的勇於任事與效能表達感激之意。

過去幾年在加護病房服務的經驗，我深深的體驗到，加護病房的病人病情重，而且病況變化迅速，除了要廣納各個專科的意見之外，重症醫師必須全職且專心以赴，在加護病房，真的只能用「分秒必爭、錙銖必較」來形容。

/ 我在雙和醫院的耕耘 /

猶記得 2009 年秋天剛到雙和醫院服務，也就是創院剛滿一年，位在第一醫療大樓 5 樓的主治醫師辦公室仍然是空蕩蕩的，全院專任的主治醫師只有 90 位左右。由於地方上人口密度大，光是中和區設籍人口就超過 40 萬，醫療需求量極大，醫院也就蓬勃發展，以敷地方需求。直到 2018 年專任的主治醫師總數已經將近 300 位了。即使外科系主治醫師辦公室搬到新蓋好的第二醫療大樓，新來的內科主治醫師座位仍然必須要排隊，沒有現成的空座位給他們。

過去中永和地區缺少大型醫院，民眾就醫極不方便，必須過橋到台北市。一旦遇有急、重、難症的病人，更是時間與死神的拉鋸戰，若是發生時不我予的情況，其結果更讓家屬傷心扼腕。所幸前中和市長呂芳煙先生[13] 為雙和醫院的創建催生而「跪地求院」與奔走，加上政府相關部門的長期努力不懈，才有 2008 年夏天「部立雙和醫院」的開幕營運。

2009 年 4 月，我在簽約時面見雙和醫院創院院長邱文達醫師時 [14]，院長曾經期勉我說：「一個以醫學中心為發展目標的醫院，它所需承載的是醫療關懷使命，與信守對地方的承諾，並且能在臺灣的醫療文化上有創新的帶動。」就在這樣的背景下，在公費生履約服務完畢之後的半年，我加入了雙和的醫療團隊。

　　我將自己在成大醫學院所學的、長庚醫院所訓練的、醫研所博士學程所累積的進修心得、加上政府部門的公務行政經歷，帶著熱情前來為新北市民眾服務。我更立下豪語：「我們的醫療要好到能吸引台北市的民眾到雙和醫院來治療！」

　　既立定了目標，這幾年來我積極努力，從臨床服務、醫學生教育、醫學研究、與行政服務四個面向，全面布建展開。

臨床服務

　　進入加護病房擔任「ICU 專責醫師」，除了延續在胸腔科的習慣，在臨床上細心照顧並親力親為，亦針對加護病房病人的不穩定性、易變性、脆弱性，以及經常會有即時的緊急問題發生，務求在第一時間就能即時掌控；若遇多器官功能失調或多個疾病的情況發生，亦透過會診務求妥善照顧處置。（其他的內容如前一節「肩負建置人性化的加護病房之責」中所述）

　　其中在醫療上較為卓著之處，我在此提出兩項來說明：我們的團隊引用「新肺炎治療策略」及「咳嗽標靶治療法」來服務雙北市的市民。

新肺炎治療策略

適逢國內在 2016 年 2、3 月間，全國 H1N1 新流感肆虐，為數不少的新流感併發重症的病人住到雙和 ICU 接受治療。我們 ICU 所收治、經疾病管制署確定是流感併發重症的近 20 位病人中，嚴重的有雙側肺炎到重度急性呼吸窘迫症（ARDS），其中三分之一的病人更是嚴重到需要放葉克膜（ECMO）。

在病人如此重症之下，我們醫院的死亡率仍低到 15.8％，在國內屬名列前茅！令在地民眾們對我們團隊所發展的「新肺炎治療策略」（New therapeutic strategies in pneumonia）深具信心，不需要轉院到台北市，在地就可以接受優質且全方位的醫療，實為當地民眾之幸。

咳嗽標靶治療法

我有幸承接林口長庚胸腔科師長們，在呼吸道疾病及慢性咳嗽上卓越的見解與治療經驗，加上早年因著博士班進修學程，進行慢性阻塞性肺病（COPD）下呼吸道感染問題的研究，更進一步地發展出針對不同病因在上、下呼吸道所引起咳嗽的「咳嗽標靶治療法」（Cough-targeted therapy）之特殊專屬性治療。

我將此治療引用到臨床上，協助病人改善咳嗽症狀，許多難治性的咳嗽問題因此得到很好的解決，頗受民眾好評。因此，我的門診始終都有超過 15％的掛號比率是初診病人，專程來雙和醫院給我診治呼吸道疾病或內科疾病。

在過去，醫師們咸認為重症醫師沒有門診，比較沒有舞台，或是大部分的病人是插管不能說話、神智不清無法直接互動、或是衛教的病患，做的多是幕後的工作，較難獲得病人及家屬的信賴度。

但在我的情形正好相反，除了《商業週刊》網頁上的推薦之外，經社工室統計截至 2017 年底止，個人歷年來收到病人或家屬致函院長室的感謝函件量在院內所有醫師中，均名列前三名。茲列舉 2014 年 1 至 6 月期間，民眾感謝致函如下：

日期	感謝人	感謝事蹟
1 月 05 日	葉○○	感恩我們中和有這麼好的醫院，……，吾子在貴院 5 樓加護病房，受到林主任的細心照護下，將○○○從病危中救了回來。……，真的感謝還有腎臟科洪麗玉醫師。許多護理人員既勤快又認真，……。
2 月 20 日	黃○○	感謝內科加護病房二區及林啓嵐主任對病患黃○坤的百般呵護跟細心照顧，對病情的解說也非常詳細。感謝再感謝！
3 月 31 日	薛○○	……林啓嵐醫師所帶領的醫師團隊，進行肺部的手術相當成功。本由一顆忐忑不安的心，終於放心了下來。也讓我驚醒，臺灣雙和醫院醫術遠駕於美國之上，讓人敬佩。更加感謝……。
6 月 24 日	周○○	五樓加護病房林啓嵐醫師不僅專業，……對生病的父親及看護的母親殷實問候照顧，這一切的一切都使病痛中的父親及長期照料的母親，心中充滿深深的溫暖與感動。……為新店及中、永和地區病患謀福，謹此祝願貴院院運昌隆，……。

▶ 資料來源：社工室及院長信箱，2014 年國家品質標章申請書。

/ 教育後進、醫學研究與行政服務 /

　　教學醫院除了臨床服務之外，同時也要進行醫學研究以及教育醫學後進；包括實習醫學生、住院醫師及新升上來的年輕的主治醫師。當然，擔任加護病房主任職位，自然有不少的行政責任；總是努力來增進加護病房的服務量能與重症學科標竿更精良的醫療水平。

教育後進

　　在雙和醫院服務期間，我一方面擔任台北醫學大學助理教授，除了負責每學期課程的課堂講學之外，也要在臨床上帶領實習醫學生進行臨床見習、實習課程，包含呼吸治療學系的多門課程，以及在醫學系「胸腔醫學整合課程」。北醫醫學系實習醫學生來到胸腔內科，我與胸腔科內各主治醫師則分工輪流帶學生。也因為專心投入教學，我在 2016 年被醫學院評為優良教師；更多次負責國外醫師重症醫學的學習、交流與培訓。我曾經負責的教學活動如下：

- 北醫大醫學院 GOSCE（整合性團隊學習課程）。
- 擔任 OSCE 考官[15]：國家考試考官、模擬考考官。
- 負責重症醫學科與日本、中國大陸、史瓦濟蘭等友邦前來觀摩與學習。
- 協助訓練友邦（索馬利蘭、中國大陸）的重症醫療人員。
- 主持雙和醫院住院醫師的重症醫學訓練課程（ICU training course for resident）。

醫學研究

　　過去幾年，我投入在臨床服務、醫學生教育與行政服務，用掉了我大部分的時間，能用在醫學研究的時間，事實上相當有限。但我仍持續在原來的國防醫學院感染科實驗室持續進行研究計畫，並指導一位碩士班研究生，研究領域著重在「克列伯氏菌致病性與毒性」的探討，部分研究結果發表在 2016 年的 Virulence 期刊上。

　　此外，也用我所建立的小鼠模型（animal model）應用在肺炎致病的機轉上之探討，用來解析革蘭氏陰性細菌與陽性細菌在細菌性肺炎的成因與致病機轉。

行政服務

　　2012 年 6 月起，奉吳志雄院長指示，由胸腔科轉任到加護病房，擔任「專責醫師」兼病房主任，並著手負責重症醫學科的建

置，以及準備 2012 年的醫學中心評鑑業務。當時吳院長要我除了持續提供病人溫馨照顧之外，更期勉我能成為護理同仁們臨床上的後盾，教育她們成長、經營加護病房，使同仁們有向心力和認同感，使 ICU 能更有「家」的感覺。

在我擔任加護病房主任時，白天全部沒有門診或檢查診，也沒有普通病房的查房，ICU 外面只留一個星期五的夜間門診，而能夠全心全力投入重症病人的照顧，以及雙和醫院 4 個成人加護病房行政事務上。發展科務讓重症醫學科的專任醫師都能安定於自己的工作，並拿出效能來服務這群危急的重症病人。

期間，我設立常規化的 ICU 晨會（morning meeting）、期刊討論會（journal reading）、書報討論（seminar）、死亡案例檢討會（motality & morbidity conference）等等。每週 3 到 4 次的 ICU 跨領域多團隊查房，將不同領域或職類的同仁結合在一起，一起腦力激盪解決病人的問題，為病人病情及治療共謀突破。

在服務於雙和醫院期間，其 ICU 歷經 2 次醫學中心評鑑、3 次國際 JCI[16]（Joint Commission International）評鑑、2 次重度急救責任醫院評鑑與各種督查考核。也因著這樣精實的努力與執著，與施雅玲督導長共同合作，以「加護病房用拓展 Mockup 建築精神建置人性化的加護病房」為專題，榮獲生策會 2015 年度國家品質標章（SNQ）[17] 的獎賞。

/ 返回前山的宜蘭故鄉服務 /

祖先們把花蓮稱做「後山」，宜蘭則是「前山」。雪山山脈創造了宜蘭這一塊香格里拉淨土，但是也造成交通上的阻隔。儘管雪山隧道在 2006 年開通了，宜蘭到台北的距離縮短了，但不可否認，仍然存在交通與時間上的問題。

我在高中畢業後就離開宜蘭故鄉，在南部求學；北部服兵役、工作、結婚成家、訓練住院醫師、當主治醫師總共將近 37 年，雖一直在外地，但故鄉永遠是心靈上的母親。

過去的三十多年，只有兩次勉強算是服務宜蘭鄉親的機會。一是在 2006 到 2007 年間法醫的實務學習，有幾次跟隨法務部法醫研究所蕭開平組長，到宜蘭進行刑事案件的司法解剖工作。二是 15 年來，北區慈濟人醫會的「貢寮─馬崗線」義診團隊，深入到靠近頭城的小村落去做醫療服務。雖然仍是新北市的邊緣，但往海邊眺望已經可以看到龜山島了，也彌補我對服務鄉土的盼望。

由於遊子飲水思源、思鄉殷切，《黃昏的故鄉》成了一首我不

敢聽的歌。但每每在夜深人靜之時反覆思索，是不是要返回家鄉，為鄉親貢獻一己之力。

俗大的南澳鄉與大同鄉等原鄉部落地處偏遠，存在公共衛生落後與慢性病橫行的窘境，力求醫療服務的在地化、社區化，是官方數十年前就一直在關注的議題，即便目前已有一定的成績，但仍然迫切需要挹注更多的人力，以及引進更新的醫療流程與思維。

另一方面，經過 2016 年醫學中心評鑑的洗禮，目前雙和醫院已經是「準醫學中心」了。比起創院之初，此時加護病房重症科的醫療人力、床位數、人員的教育訓練都已經上了軌道，且距離 2020 年全國性的醫學中心評鑑尚有一段時間，將加護病房主任的位子交棒給年輕醫師，顯然是最好的時機點。

最後，則是考量到人生經歷的問題。我個人認為風平浪靜、一成不變的航線，反而會令勇敢的水手窒息。或許返回家鄉服務將面對更多波折，但與此同時卻更富挑戰性，一思及此，不禁讓我內心雀躍不已。

我認為自己有這樣的責任，要把更新的臨床治療、ICU 的重症醫療帶回宜蘭故鄉，造福我的鄉親。正如同雙和醫院有能力服務在地的中、永和民眾之生命與健康，無需跨過新店溪、過橋到台北市尋求醫療資源是同樣的道理。

2017 年 10 月，我與羅東聖母醫院溫金成副院長懇談 2 次，彼此都認為可以互相合作與發展後，正式啟動辭職返鄉服務計畫。建設故鄉的醫療，運用實際臨床來服務鄉親，已成為我下一個階段的目標。

/ 醫治病人傳揚福音的羅東聖母醫院 /

雖然我不是天主教徒，但對於西方傳教士的愛心與義行，早在學醫之前就深深烙印在腦海中。西方傳教士及神父一邊傳福音，一邊辦慈善或行醫救人，在世界各地都有跡可尋，臺灣也不例外。

西方的阿督仔醫生，像來自蘇格蘭的臺灣第一個女醫師宋·伊利莎白（Mrs. Dr. Elizabeth Christie Ferguson），帶給臺灣人的是：「愛沒有時間之差、遠近之別，沒有地理阻隔，沒有種族、語言、國籍、性別、階級等種種的隔閡」。她雖然不到 33 歲之齡卻積勞成疾，早逝於台南新樓醫院，讓人悲痛心碎，但她一生奉獻給臺灣、為愛自我燃燒的故事，卻依舊傳達出這不變的真理，直到永恆。

馬偕博士（George Leslie MacKay）接受上帝呼召來到臺灣，以「寧願燒盡、不願銹壞」的精神犧牲奉獻，用「耶穌基督愛人如己、關懷弱勢之精神」為使命創立馬偕醫院。這位「黑鬍番傳奇──馬偕博士」更是家喻戶曉的歷史人物，臺灣人民永遠感念他將生命奉獻在臺灣這塊土地上。

150 多年前馬雅各（Dr. James L. Maxwell）醫生從蘇格蘭來臺灣，並於 1865 年 6 月 16 日在台南開始醫療宣教，是臺灣現代醫療的開端。當時醫院設立在看西街，稱為「看西街醫館」。之後，於 1899 年在台南創立新樓醫院，這是臺灣第一所西醫院。他們的奉獻與義行，至今都是臺灣醫療發展史最重要的一頁。

　　自兒童啟蒙期，從母親口中從小就聽到大，在家鄉的羅東天主教靈醫會的聖母（醫）院，早年在交通不便、醫療資源匱乏的年代，便是鄉民健康的守護神。記得她說阿督仔的「大醫師 oki」開刀救治鄉民、馬修士從義大利帶藥給鄉民使用等傳說，傳遍宜蘭縣的鄉里。在我們這個偏鄉，西方傳教士是如何愛世人，他們的付出深受鄉親的倚賴，其愛心與義行更是聲名遠播。

　　天主教靈醫會於 1586 年，由義大利聖嘉民‧德‧雷列斯（St. Camillus De Lellis）所創立，會士們秉著「神貧、貞潔、服從與服務病人（護病）」的聖願，落實耶穌「醫療傳道」的使命，400 多年來，在全球 40 餘國都留下寶貴的蹤跡。在 1946~1952 年，靈醫會在中國偏鄉雲南省行醫，留下美名。1952 年，會士們為中國共產黨所驅逐，不捨地離開大陸。天主的美意，他們選擇了當時甚為落後的臺灣宜蘭縣與澎湖馬公，風塵僕僕地展開「施醫濟貧」的道路，為鄉親們提供服務。

　　他們在這兩塊地方美妙的行醫故事，不勝枚舉，如今已經超過一甲子的歲月。

　　當時來到臺灣的會士們，在自己的國家都有自己的家庭與親人，也有自己的熱情與夢想，但卻選擇放棄個人的享受，把一生最

美好的時光都獻給這裡的病人，全心全力來照顧離他們家鄉有千萬里遠的臺灣百姓，甚至死後都還捨不得離開這塊他們所珍愛的土地與人民，過世後仍葬在他們所熱愛的宜蘭這塊土地上，永眠於此。

在臺灣社會，他們的功蹟，或者在民眾口中流傳，或者著書立傳。這些傳教士及神父們對臺灣的貢獻，除了竭盡所能地照顧百姓的健康與生活外，也為我們的社會注入一種特有的宗教及文化的氣息，始終秉持著「無私無我、犧牲奉獻的精神」。

如同來自東歐斯洛維尼亞，人稱「大醫師 Oki」的范鳳龍，1952 年來到臺灣，至 1990 年辭世，在這 38 年當中，全年無休、全心全力服務臺灣鄉親。范鳳龍醫師一直秉持著「我不能想望假期，我的生命是獻給在這裡的病人。將來我只有一個願望，走那一大步到永恆去時，我仍在工作」的時代巨人理念。

也由於這一群傳教士及神父前輩們的義行，其影響所及，也感動了在高雄服務的、全國知名人權鬥士陳永興醫師。他於 2009 年，遠從高雄來羅東擔任聖母醫院院長，並說出「有感動就不遠」的心情寫照。即使在今天全民健康保險制度下「論量計酬」、「以點論值」[18] 的醫療文化風行，聖母院的先行者或前輩們的義行，依然深受臺灣社會的肯定與稱頌！

我認為，雖然任職的不是名列全國醫學中心的醫院，但只要盡全力照顧好病人的疾病，解除身心的痛苦，並增進周圍鄉鎮社區民眾的健康，已是功不可沒。猶如美國各州的州立醫院，其規模也是在幾百床之間，但卻能守護社區民眾的健康，這就是我選擇羅東聖母院服務的原因。

當然，也是為了圓滿我返回故鄉服務的夙願，以及實現我個人醫學生命中的另外一種自我挑戰。於是，2019 年初，在萬般的不捨中，我道別了長官、昔日的 ICU 夥伴與雙和醫院的醫療同仁們，踏上返鄉服務之路，繼續我未盡的醫學旅程。

臨床上，我一如往昔的親力親為並克盡職守，聆聽病人的陳述與苦痛、不厭其煩地去解析病人的病情，也為鄉親們引進醫學中心醫療技術與效能。如同上一代蘭陽平原的水牛般奮力勤勉，為鄉親們有更優質的醫療而耕耘。

NOTES 註釋：

1　加護病房 open system：加護病房依其照顧的模式可分為三類：第一類為封閉式系統（closed system），即病人進入加護病房後，就由專責重症專科醫師全權負責照顧，原來負責照顧的主治醫師退出變為會診醫師（consultant）。第二類為開放式系統（open system），即病人住進加護病房後仍由原來的主治醫師負責照顧，加護病房裡面沒有重症專科醫師。第三類為合併式系統（hybrid system）或稱為共同照顧（combined care）系統。一般來說，外科病患在開完刀之後，由負責手術的醫師與重症專科醫師一起照顧病患，即屬於此種系統。

2　2016 年 H1N1 新流感肆虐：根據疾病管制署統計，由前一年冬天至2016 年春天的累積統計，成為繼 2009 年 H1N1 流感疫情以來，最嚴峻

的一年。不論在併發重症或死亡病例，均創下 5 年來新高，讓民眾聞流感色變。

3　心室顫動（Ventricular fibrillation）：是心律不整的一種，係指心臟因為心室的電傳導系統問題，造成心臟無效顫動，無法輸送血液的情形。心室顫動會造成心搏停止，進而失去意識及脈搏，若沒有及時治療會迅速導致死亡。

4　葉克膜橋接 CPR 個案（ECPR; ECMO assisted cardiopulmonary resuscitation）：ECPR；ECMO assisted cardiopulmonary resuscitation 即葉克膜橋接 CPR（心肺復甦術）。即是病人心肺復甦術恢復心跳及脈搏後，即刻橋接葉克膜支持心肺循環。

5　古德氏症候群（Good syndrome）：診斷依據為胸腺瘤合併丙種球蛋白低下（hypogammaglobulinemia），臨床表現以胸腺瘤合併反覆感染為主，特別是呼吸系統感染，其他罹患伺機性感染機率也會上升。

6　靜脈注射免疫球蛋白（Intravenous immunoglobulin；IVIG）：一般簡稱為「免疫球蛋白」，免疫球蛋白主要用於治療免疫相關的疾病，如先天或後天性免疫球蛋白低下症、免疫血小板缺乏性紫斑症、川崎病等。免疫球蛋白治療機轉不明，目前公認之作用機轉包括：可中和病態性的自體抗體、作用於巨噬細胞 Fc receptor 上，阻斷自體抗體跟巨噬細胞結合，減少巨噬細胞的毒性作用、抑制發炎物質釋放。

7　弗尼爾氏壞疽（Fournier gangrene）：弗尼爾氏壞死其實就是一種發生在男性生殖器官的壞死性筋膜炎（necrotizing fascilitis）。

8　氣管—肋膜瘻管（bronchopleural fistula）：係氣管和肋膜腔產生了通道（瘻管；fistula），導致空氣及氣管分泌物往肋膜腔積聚，造成感染死亡。

9　張力性氣胸：就是指縱隔因氣胸導致其移向健側肺臟，且造成上腔靜脈及心臟之壓迫而發生休克現象。

10　鈎端螺旋體感染（Leptospirosis）：鈎端螺旋體病是一種經動物傳播之螺旋體菌疾病，由於其病原體呈細桿螺旋狀且兩端呈鈎，故稱鈎端螺旋體。由於臨床症狀變化很大，可能沒有症狀或產生各種症狀、從輕微到嚴重都有可能；輕微者最初的症狀多半與感冒類似，包括發燒、

頭痛、腸胃道不適、畏寒、紅眼、肌肉痠痛等等症狀，有的還會以腦膜炎症狀表現，嚴重者會出現腎衰竭，黃疸與出血等現象。

11　經皮腎臟造瘻（percutaneous nephrostomy，PCN）：經皮腎臟造瘻是將一導管經由後腹部腎臟部位的皮膚插入腎盂內，做為暫時或永久性排尿的通道。部分情況例如：腎結石、輸尿管結石、腎膿瘍、輸尿管狹窄、漏尿與瘻管及無法手術的腫瘤所引起的阻塞等情形，通常採經皮腎臟造瘻術來治療。

12　新肺炎治療策略：請詳第 7 章第 6 節。

13　呂芳煙：前中和市民選市長，任期 1998-2006 年（第六及七屆）。

14　邱文達：1950 年 7 月 21 日生，中山醫學院（今中山醫學大學）醫學系畢業。2013 年 7 月 23 日衛生福利部成立，接任該部首任部長。曾獲得第十七屆「厚生醫療奉獻獎」以及美國公共衛生協會的「大衛瑞爾公共衛生倡議獎」（David P. Rall Award for Advocacy in Public Health），成為首位非美籍獲此殊榮的公衛醫療人士。（取材自維基百科）

15　OSCE：客觀結構式臨床測驗（Objective Structured Clinical Examination），簡稱 OSCE。OSCE 是一種目前公認對臨床技能有效而客觀的評量方式，透過標準化病人（Standardized Patient,SP）模擬扮演各種病患症狀，訓練學員增進臨床技能、解決問題能力、善於與病人溝通、重視醫療團隊合作與終身學習的態度。

16　JCI（Joint Commission International）評鑑：JCI 是在 1988 年由美國醫療照護機構評鑑聯合會（Joint Commission Accreditation of Health Care Organizations，簡稱 JCAHO）所創建。JCI 是 JCAHO 用於對美國以外的醫療照護機構進行認證的附屬機構。JCI 標準是世界衛生組織認可的、目前最適合且最嚴謹的醫療照護機構之標準體系，代表了醫療照護機構服務和管理的最高水準。JCI 標準體系的理念是最大限度地實現可達到的標準，以住民 / 病人為中心，以安全為優先，建立配套的制度規範和作業流程，以持續地精進品質。

17　國家品質標章（SNQ）：係生策會（全名為「國家生技醫療產業策進會」）為推動臺灣生技醫療產業發展、提升全民健康生活的目標。因為生醫產業直接影響了人類的存續與生命的健康，因而創立國家品質

標章（Symbol of National Quality；SNQ），標章代表了 Safety and Quality，安全與優質。

18　以點論值：健保總額制度的點值計價。自 2002 年開始，全民健保的支付制度採取總額預算支付制度（global budget system）。在此制度下，醫療院所的給付改由「點數」計算，作為分母除以預算總額，得到每一點之「點值」，原則上一點為一元，但實際計算結果可能大於一元或小於一元，是為「浮動點值」；另外採每季結算的方式撥付，因此較不會發生總額提前用完的狀況。

APPENDIX

附錄

/ 杏林典範 /

記我所熟知的黃崑巖院長

▶ 引用自 2013 年「黃崑巖教授追思紀念文集」裡作者所發表的文章

是巧合、是機緣、更是幸運⋯⋯。

記得第一次受教於黃崑巖院長是在 1986 年的初夏，成大醫學院黃院長應邀，蒞臨當時的高雄醫學院演講。以「假如我再是一個醫學生」的講題，院長以過來人身分與醫學生分享其學醫經驗與理念。

他說道：「我認為醫學生在英文能力、病理學、免疫學要有很好的工夫底子。並且具備優質的人文與藝術素養。」這席話對當時一心熱衷學醫的我，猶如醍醐灌頂。在學醫之初，我粗淺地認為醫師只需具備良好的醫療技術就好，黃院長的講演，徹底打開我的眼界，心裡深深折服院長的學問風采與人文關懷，時至今日心中依然

盪氣迴腸。

　　退伍後習醫的意向未減，也幸運地分發到成大醫學院來就讀。從初入學的迎新會到每一學期的期中考後，院長總會在百忙中抽空與學生們面談。用他的醫學理念與心得，分年級地與學生談話，拋磚引玉並循循善誘。不知怎的，一向考試成績平庸的我，倒是對院長這種面談感到津津有味，而且期盼非常。

　　院長對醫學的崇高展現堅持與熱誠、對學生的學習展現關懷與提攜、對病患心存仁心仁術與崇尚醫德的理念，也對社會表達擔憂與責任，對醫學研究發展給予莫大的支持。記得有一次，院長因學生們對參加暑期研究不夠踴躍，深表不以為然。

　　畢業後，到母校以外的醫院接受內科住院醫師訓練，以及之後的胸腔內科研究員訓練，無不延續在母校時所學習的知識與心態。平時處理病患的治療計畫與醫療問題時，心中總以曾經受黃院長的理念教誨為榮，用穩重的態度，企盼達成如米勒筆下、〈拾穗〉畫中的祥和與美好，以讓患者得到希望與無憂，使垂危者安頓與無恐懼，令病患家屬得到疾病相關衛教，從而放下心中的重擔。

　　在住院醫師訓練期間，莫名的緣故，在不知不覺中，觸發我對醫學研究的興趣與熱忱。R4 下半年開始進入實驗室，以及之後進到醫研所成為博士生，總不忘以黃院長與他口中的佛來明、珍那、克列伯作為典範。

　　迥異於大多數醫師，我個人有著另一個醫業上的轉折。就是以法務部公費生服務，進入到一個醫療冷僻的區塊。在那裡，存在的是人情疏離與人性冷漠，但即便環境如此，我仍確實執行醫

療服務。困頓乏力之餘，心裡浮現的往往是院長所指引的「Before becoming a doctor, become a men.」；還有以人文藝術達成淑世的概念，努力改善監所收容人的健康與生命安全，祈使司法審理及公權力的執行無後顧之憂。

之後，因緣際會地轉任地方法院檢察署當法醫師，協助司法官相驗業務。經常檢查 cadaver 並為他們下死因診斷，是醫師責無旁貸的職責。我全力以赴，努力當個稱職的法醫師，無論身處何種境地，總是以院長所提示，「醫學是廣闊與萬用的，但需服務社會與人群，對人的關懷與照顧，就是醫學的高貴之處」來提醒自己。

2012 年 2 月 20 日，雲靄低沉星光意外地暗淡，南十字星[1]殞落。心中雖有所失落與不捨，但是沒有徬徨，因為在我心中已清楚浮現出，昔日航程歷練出來的座標方位。

謹以此文感恩黃院長曾經給我們的教育薰陶，更是我永遠的典範！

NOTES 註釋：

1　南十字星：古人利用南十字星來判斷方位及船隻導航。另外，臺灣在日本統治時代，南十字星曾是臺灣的隱喻和臺灣特有的象徵意涵。雖然臺灣位於北迴歸線上，距赤道和南半球國家很遙遠，本不該屬於南十字星地理文化圈之內，但因為南十字星剛好是臺灣可以看到，日本內地看不到的星座，於是南十字星成為臺灣特有的識別意象。

/ 成大醫學院的醫學人文意境 /

▶ 成大醫院醫學系校友會祕書吳阡倫編撰。

❶｜❷

❸｜❹

❶ 招弟。傾訴傳統社會重男輕女，身為婦女內心的辛酸及壓力。

❷ 吹笛者。作者是奇美董事長許文龍先生的姊姊楊許仙里女士，用寧靜的旋律
帶給人們超乎言語的感受。

❸ 琴韻 1984。由醫學系校友會致贈，希望能讓學生課業之餘依然能陶冶身心，
傍晚常有學生在此彈奏鋼琴。

❹ 十字手。為朱銘《太極》系列中作品，巨大、渾厚的銅雕作品，靜置於醫
學院外的草地，頂天而立。

❶❷
❸❹

❶習醫之樹。天天提醒師生們要秉持黃崑巖院長的理想，為臺灣、為世界培養更多具有豐富人文素養的醫學人才。

❷等待維納斯。作者是知名攝影藝術家柯錫杰，作品旁佐以詩人鄭愁予先生的題詩，讓人在安靜的成杏廳迴廊彷彿可以聽到人間迴音。

❸定思園。醫學院建築物內特別保留的一片綠地，此名稱取自大學之道「定靜安慮得」的意涵，引申為「立定志向，思慮精詳，以臻至善」。

❹黃崑巖創院院長頭像。

❶ 黃崑巖創院院長題字：不想走完不啟程。

❷ 武田書坊。由武田藥品工業株式會社贊助經費，故此特區命名為「武田書坊」，希望使大眾感懷武田公司贊助醫療文化事業之精神，以達「拋磚引玉」之效。

❸ 崑巖醫學圖書分館。創立於民國 73 年，主要收藏醫療健康照護相關主題書刊資源，提供本校及醫學中心教學、研究與醫療服務所需資訊，並負起區域醫學圖書館之使命。醫分館以創院院長黃崑巖教授對圖書館之期許為服務標竿，冀望能成為醫生知識的急診室，並讓本校醫學院教職員工生及醫院之醫護人員能隨時且即時獲得所需資訊。

❹ 沉思者。

❶ ❷
❸ ❹

➡ 石泉廣場陶壁誓詞。石泉廣場是以韓良誠醫師的父親韓石泉醫師之名來命名，取其「志如磐石，操比清泉」之意。陶壁誓詞是由黃崑巖院長親筆揮毫醫師誓詞的書法，再由美濃窯負責人朱邦雄先生，依字帖燒成可以長久保存的陶壁，藉以凸顯成大醫學院兼顧科學倫理和人文素養的特性。每年本院實習醫生開始實習的第一天，都會在石泉廣場，面對陶壁作宣勢典禮，並將醫者神聖使命長久延續下去，永遠為臺灣培育新一代的醫療人才。

➡ 崑巖書房。黃崑巖創院院長不僅是一位具專業素養的醫學研究學者，也是一位充滿熱情的教育家，他留下的典範與精神，深深影響成大醫學院師生；成大校長蘇慧貞等醫學院教授、醫師校友感懷黃崑巖院長的風範，共同集資在崑巖醫學圖書分館一隅籌建「崑巖書房」，展出品項包括，黃院長閱讀過的書籍、讀書燈、墨寶、出版著作、歷史紀錄照片、個人物件和收藏品、友人禮物、創建醫學院的外牆所用的二丁掛磁磚等等。

⬇ 院史室。位於崑巖醫學圖書分館一隅，展示從創院開始至創院 25 周年間各類歷史資料、代表性物件，及各式院內珍藏文物。

⬆ 院徽瓷壁。左上角是成大的校徽，代表成大醫學院是綜合大學內的醫學院，可以讓師生享有跨領域學習合作的優勢；左下角則是代表成大醫院的綠十字，和右邊的醫學院標誌緊貼在一起，表現醫學院與醫院的緊密結合。

/ 後記 /

　　2004 年夏天，為修習老年醫學專科需要師長的推薦，啟嵐前往基隆長庚醫院，拜訪胸腔內科前輩謝文斌副院長。向老師報告，幾個月前，我已經由林口長庚醫院回到法務部，從事公費生服務，正在基隆看守所擔任專任醫師。

　　老師顯露了些許不捨與詫異的神情，隨即安慰我，這是一個特殊的旅程，要我安心努力地去服務，如果有些許成績，日後可以把這個特殊的經歷，用出書的方式，寫給社會上的年輕人，做為工作與為學的借鏡，這是《從法醫到人醫》一書的緣起。

　　《從法醫到人醫》的草稿紀錄始於 2005 年，我正在公費生服務的前段時期，不時記錄當下的工作理念、思考與感想。此外，也穿插著一些在成大醫學院受教育的經過，以及畢業後在林口長庚醫院住師時期的點滴。在寫作過程中，緬懷過去當學徒時期，清苦的生活與孜孜不倦的日子，每一個階段都是最珍貴的回憶。

　　比較正式的出書架構與文章則是在 2009 年初，妻子進行第二

次開心手術時，我請特休假，照顧她的術後，利用空閒的片斷時間記錄在筆記簿上。也幸好當時我記錄下公費服務期間的所思、所見與所聞，增加了本書內容的詳實性。畢竟隨著年齡增長以及日後煩忙的醫務，有些事情已經被我淡忘了。

本書的書寫，以事實的陳述為基礎，敘述我在旅程中所遇到的故事及事物，觸及社會文化與醫學人文層面，期望用有趣的故事來引發讀者的興趣。

筆者並沒有特殊的宗教色彩或是政治立場，也沒有個人的利益考量，同時我在此書避免個人做好惡上的評論。在這旅程中所提到的典範人物，以及長官和友人，皆僅就該段歷史或是事件做紀錄，沒有推銷任何黨派、醫院或鼓吹其政治立場的意思。

孔子在《禮記·中庸》教育世人以「隱惡揚善」的原則，筆者秉持這個精神來書寫每一個主題。深信過多的揭發黑暗面、噬血披露或是攻擊他人，都是無補於社會人心！孔夫子也說：「始作俑者其無後乎？」臺灣社會是一體共存、世代間則是連續傳承，希望能將人心的美好傳於後世。

感謝張長樹檢察官為本書提名為「從法醫到人醫」，使能更貼合於書中章節內容。此外，在書寫過程中，我感謝所有給予意見的朋友與家人，讓文章寫作屬門外漢的我，可以順利地完成它，使得本書得以出版。同時感謝成大醫學院醫學系校友會祕書吳阡倫小姐，義務性地協助「成大醫學院的醫學人文意境」一文的取材拍攝與編輯。讓即使沒有到過成大醫學院的讀者，也能身歷其境，一起進到成大醫學院，感受黃崑巖院長的醫學人文氣息。

最要感謝的是時報文化趙政岷董事長的抬愛與承接出版，同時感謝資深媒體人陳當勝副總編輯的居中協調排除萬難，並感謝時報文化的編輯團隊的用心，大大增加了本書的可看性。

　　最後，則是衷心期盼能獲得讀者的共鳴，並且喜歡它！更歡迎大家給我意見。感謝！

　　　　林啓嵐　謹致

　　　　2019 年 8 月 31 日於台北 101 下

圖片 & 資料來源

以下係《從法醫到人醫》一書所有相片的出處及授權。

- 位於古都府城的成功大學醫學院。（照片來源：作者提供）
  成功大學醫學院創院院長黃崑巖教授。（照片來源：黃崑巖教授女兒提供）
- 林口長庚醫院總醫師時期同儕們與內科部程文俊部長、林仁德副部長合影。
  （照片來源：引用長庚醫院開院 25 週年紀念專刊，2001 出版；經公關室授權
  使用）
- 1997 年成大醫學院法務部公費生上書法務部部長馬英九先生。（照片來源：作
  者提供）
- 作者正在監所門診診視病人。（照片來源：2005 年基隆看守所官方版簡介）
- 收容人出庭前在看守所醫務室先行做「JOMAC 測試」為神志清楚狀態。（照
  片來源：作者提供）
- 自由時報「基檢憑人工關節找到殘屍家人」的報導，在 2011 年被衛生署骨科
  人工關節登錄系統網頁引用刊登。（照片來源：衛生署骨科人工關節登錄系統
  網頁；2011 年）
- 自由時報「基檢憑人工關節找到殘屍家人」的報導。（經自由時報同意授權轉
  載引用）
- 公費生服務期間，緣於「法醫師法」施行，參加法醫師公會成立大會。（照片
  來源：作者提供）
- 公費生服務結束之際，受基隆地檢署涂檢察長達人授獎。（照片來源：作者提
  供）
- 國防感染科實驗室（7118）成員合影。（照片來源：作者提供）
- 2011 年博士班正冠典禮上與陳金瑞所長合影。（照片來源：作者提供，經陳金
  瑞先生同意本書使用）
- 第 6 章「貢寮偏鄉的義診服務」共 11 張相片。（照片來源：慈濟人醫會授權
  本書引用；所有病人相片容貌業經馬賽克處理並經其家屬同意授權本書使用）
- 「人醫大愛，走入生命」一節引用自慈濟全球社區網 2017/01/31 報導。（經慈
  濟人醫會及慈濟大愛電視台授權本書轉載使用）
- 病人家屬致函院長室表達感謝。（照片來源：引自 2014 年雙和醫院 SNQ 申請
  書；雙和醫院社工室提供）
- 2011 年的商業周刊良醫推薦網頁。（照片來源：商業周刊良醫推薦網；2011
  年網頁）
- 部立雙和醫院加護病房，引用 Mockup「使用者經驗需求」及「參與式設計」

的建築概念，建置最好的環境給重症病人及醫護從業團隊。（照片來源：應用劇本科技股份有限公司授權使用）

- 2011 年 2 月內科加護病房二區建置落成。（照片來源：應用劇本科技股份有限公司授權使用）
- 寬敞的床位空間，可容納呼吸器、洗腎機、葉克膜、主動脈內氣球幫浦、生理監視器等設備同時擺設無障礙，並可確認其安全性及方便性。（兩張照片來源：作者提供）
- 雙和醫院加護病房榮獲生策會 2015 年度國家品質標章（SNQ）獎狀。（照片來源：作者提供）
- 病人家屬的感謝函刊登在 2014 年 2 月份「雙和醫訊」上。（照片來源：作者提供）
- 例行性的「病人家屬會議」讓家屬了解病情和實際參與醫療決策。（照片來源：作者提供，經病人家屬同意使用）
- 記錄在病歷上的「病人家屬會議」記錄單。（照片來源：作者提供）
- 帶北醫大醫學系實習醫學生臨床實習課程。（照片來源：作者提供）
- 2013 年索瑪利蘭醫師在雙和醫院訓練完成，結訓典禮上。（照片來源：作者提供）
- OSCE 模擬考擔任考官。（照片來源：作者提供）
- 高齡者身體健康評估的 GOSCE 課程授課。（照片來源：作者提供）
- 2016 年醫學院當選優良教師海報（最下排右一是作者）。（照片來源：作者提供）
- 2013 年浙江省湖州醫院醫師訪問學習。（照片來源：作者提供；經楊崇聖醫師同意本書使用）
- 楊崇聖醫師正在帶 ICU 跨領域多團隊查房。（照片來源：作者提供；經楊崇聖醫師同意本書使用）
- 故鄉宜蘭有蜿蜒秀麗的冬山河與白雲龜嶼。（照片來源：盈盈設計影像公司陳良道先生授權本書使用）
- 守護蘭陽平原偏鄉超過一甲子的羅東聖母醫院。（照片來源：聖母醫院官網；經聖母醫院院長室及社工室同意授權本書引用）
- 羅東聖母醫院馬仁光修士（前排左二），永遠笑容燦爛與愛心的蔡桂連護士（前排右二）。照片為 1980 年代的羅東聖母醫院醫療團隊與靈醫會成員。（照片來源：聖母醫院官網；經聖母醫院院長室及社工室同意授權本書引用）
- 成大醫學院的「醫學人文意境」（共 16 張照片來源）：成大醫學院醫學系校友會秘書吳阡倫小姐，義務性地協助「成大醫學院的醫學人文意境」的取材、拍攝與編輯。並授權本書出版使用。

時報悅讀 34

從法醫到人醫：貫穿七個醫界現場的白袍啟示

作　　者—林啟嵐
圖片&資料提供—林啟嵐
文字編輯—葉惟禎
副 主 編—謝翠鈺
封面設計—陳文德
美術編輯—李宜芝

董 事 長—趙政岷
出 版 者—時報文化出版企業股份有限公司
　　　　　108019台北市和平西路三段二四〇號七樓
　　　　　發行專線—(〇二)二三〇六六八四二
　　　　　讀者服務專線—〇八〇〇二三一七〇五
　　　　　　　　　　　(〇二)二三〇四七一〇三
　　　　　讀者服務傳眞—(〇二)二三〇四六八五八
　　　　　郵撥／一九三四四七二四時報文化出版公司
　　　　　信箱／一〇八九九　台北華江橋郵局第九九信箱
時報悅讀網—http://www.readingtimes.com.tw
法律顧問—理律法律事務所 陳長文律師、李念祖律師
印　　刷—詠豐印刷有限公司
初版一刷—二〇二〇年七月二十四日
定　　價—新台幣三二〇元
缺頁或破損的書，請寄回更換

時報文化出版公司成立於1975年，
並於1999年股票上櫃公開發行，於2008年脫離中時集團非屬旺中，
以「尊重智慧與創意的文化事業」為信念。

從法醫到人醫：貫穿七個醫界現場的白袍啟示 /
　林啟嵐作. -- 初版. -- 臺北市：時報文化，
2020.07
　　面；　公分. -- (時報悅讀；34)

　　ISBN 978-957-13-8233-3(平裝)

1.林啟嵐 2.醫師 3.臺灣傳記

783.3886　　　　　　　　　　109007569

ISBN　978-957-13-8233-3
Printed in Taiwan